八五普法·生活中的法律常识系列

劳动

法律常识小全书

案例自测实用版

全民普法图书中心◎著

中国法制出版社
CHINA LEGAL PUBLISHING HOUSE

出版说明

2020年12月，中共中央印发了《法治社会建设实施纲要（2020—2025年）》，由此，我国的普法工作迈进了第八个普法阶段。回首过去，我国的普法工作取得了很高的成就，有序的社会秩序、坚定的法治信仰在社会生活中落根繁衍，人们的法律意识日益增强，大家学习法律的热情也愈加高涨。特别是，随着《中华人民共和国民法典》《中华人民共和国刑法修正案（十一）》等重要法律法规的出台，许多与我们的生活密切相关的法律条文发生了变化。了解法律，学习法律，运用法律，势在必行。

在此，为了帮助大家学习法律知识，我们特别推出了一套《生活中的法律常识系列》。下面，我们一起来看看本套书的主要特色：

第一，内容广泛，分类科学。本套书的分册涉及物权、合同、抵押、婚姻继承、劳动、劳动合同、犯罪、道路交通、医疗、日常维权等多个领域，能充分满足大众学习法律知识的需求。并且，每个分册涉及法律知识门类专一，可以有效满足群众针对性学习法律知识的需要。

第二，以案说法，通俗易懂。众所周知，法律条文本身存在一定的晦涩难懂性，特别是对于一些法律术语，很多人不知其中含义，由此给大家的自学法律之路造成了一定的障碍。而对于法律普及工作而言，让读者看得进、想得通、搞得懂，是我们工作的价值所在。因此，本套书采用了以案说法、情景带入式的普法方式，让人们在案例故事及后续分析中感受法律的内涵，汲取法律的智慧。

第三，贴近实际，学以致用。法律是调控社会的工具之一。作为大众读者，我们学习法律的目的不外乎懂法、知权、维权、预防和解决纠纷等。那么，我们学习法律知识，阅读法律书籍就不能走马观花，一带而过，而是要进行深入的思考和领会。为此，我们在每一个案例分析后面，对应加入了“自测小题”板块，从而可以更好地让大家检验和巩固学习效果，达到学以致用的目的。

当然，本套书的更多内容和特色还需要大家品味之后才能一一领会。在此，我们也诚邀各位读者多提出批评与建议。

党的十九大把法治社会基本建成确立为到2035年基本实现社会主义现代化的重要目标之一。普法工作意义重大、任重道远。希望你我都能在普法大潮中乘风破浪，勇往直前。衷心希望本套书能成为各位学习法律的得力助手。

目　录

第一章
劳动合同与集体合同

企业可以拒绝录用“乙肝病毒携带者”吗?

案例实录

今年6月，王某应聘某公司人力资源主管一职。该公司对王某的学历、能力及相关情况进行了全面了解后，于7月向王某发出了录用通知书，并加盖了公司公章。王某接到录用通知后，辞去原来的工作，按照该公司的要求进行了体检，结果显示王某是“乙肝病毒携带者”。之后，该公司向王某发出了不予录用的通知。王某认为该公司的行为属于就业歧视，要求该公司依法录用自己。王某的要求被该公司拒绝。那么，企业是否可以拒绝录用“乙肝病毒携带者”呢?

律师分析

根据我国宪法及相关法律规定，公民有平等就业的权利，任何单位和个人不能侵犯公民的平等就业权。另外，《就业促进法》第三十条规定：“用人单位招用人员，不得以是传染病病原携带者为由拒绝录用……”由此可见，该公司的行为构成就业歧视，严重侵犯了王某的平等就业权。该公司应当按照约定履行自己的义务，录用王某。

法条链接

《中华人民共和国劳动法》

第十二条　劳动者就业，不因民族、种族、性别、宗教信仰不同而受歧视。

《中华人民共和国就业促进法》

第三条　劳动者依法享有平等就业和自主择业的权利。

劳动者就业，不因民族、种族、性别、宗教信仰等不同而受歧视。

第三十条　用人单位招用人员，不得以是传染病病原携带者为由拒绝录用。但是，经医学鉴定传染病病原携带者在治愈前或者排除传染嫌疑前，不得从事法律、行政法规和国务院卫生行政部门规定禁止从事的易使传染病扩散的工作。

《就业服务与就业管理规定》

第十九条　用人单位招用人员，不得以是传染病病原携带者为由拒绝录用。但是，经医学鉴定传染病病原携带者在治愈前或者排除传染嫌疑前，不得从事法律、行政法规和国务院卫生行政部门规定禁止从事的易使传染病扩散的工作。

用人单位招用人员，除国家法律、行政法规和国务院卫生行政部门规定禁止乙肝病原携带者从事的工作外，不得强行将乙肝病毒血清学指标作为体检标准。

温馨提示

性别歧视、年龄歧视、身高歧视、宗教信仰歧视、疾患歧视、对“乙肝病毒携带者”的歧视等严重侵犯了劳动者的平等就业权，使个人尊严遭到侵犯，也使广大求职者与工作失之交臂，造成了人才的极大浪费。因此，在竞争激烈的就业环境下，为构建和谐社会，我国陆续实施了多部法律法规。在这些法律法规中，均严格禁止用人单位以传染病病原携带者为由拒绝录用员工，从而在很大程度上保护了劳动者的合法权益。

自测小题

选择：以下哪些行为属于就业歧视？（　）①

A. 某餐厅招服务员要求不得是“乙肝病毒携带者”

B. 某公司行政岗位招录，只招录男生

C. 某公司规定只招录汉族的员工

D. 某公司要求招录的员工不得信基督教

不签订劳动合同会给企业带来损失吗？

案例实录

某医药器械公司招聘多名业务人员，后因公司业务繁忙一直没有与业务人员签订劳动合同。不久，该医药器械公司接到西北某医院电话，对方称医院与医药器械公司签订了购买20万元医药器械的合同，合同到期但医药器械公司一直没有履行合同。该公司的业务范围只是在东北地区，从来没有开拓过西北地区的市场，公司总经理认为这其中一定有问题。后经调查了

① 解答：ABCD。

解得知，该医药器械公司新招聘的业务人员利用公司的业务章与西北某医院签订购销合同，现在该业务人员已经收到10万元现金外逃。医院主张其有理由相信和证明该合同是业务人员代表该医药器械公司签订。由于没有和该业务人员签订劳动合同，公司没有具体的相关信息，更没有追索证据。该公司应该怎么办呢？

律师分析

我国《劳动法》《劳动合同法》是劳动者与用人单位之间的桥梁，既保护劳动者，也保护用人单位。实践中，有很多用人单位认为不与劳动者签订劳动合同，可以降低企业需承担的责任。其实不然，根据我国《劳动法》的规定，用人单位故意拖延不订立劳动合同的，由劳动行政部门责令改正；对劳动者造成损害的，应当承担赔偿责任。如果劳动者在工作中出了事故，受到损害，用人单位的赔偿责任与是否签订劳动合同没有关系，只要存在实际的劳动关系，用人单位就难辞其咎。

本案中，从某医药器械公司的情况来看，用人单位不与劳动者签订劳动合同是冒险行为。医药器械公司业务人员有公司的业务章，西北医院有理由相信该业务人员合法代表该医药器械公司，与其签订的销售合同是有效的。如今业务人员卷款外逃，医药器械公司不能因为没有与该人员签订劳动合同而主张其销售合同无效。如果让司法机关介入，有可能合法解决该问题。如果公司与业务人员签订了劳动合同，在合同的约束下业务人员一般不敢如此大胆，出现事故公司也就能通过相关信息对其进行追索。实际操作中，用人单位应该认清劳动合同的双方保护性，与劳动者签订合法劳动合同，既能安抚、保护劳动者，也能保护用人单位自身的合法权益。

法条链接

《中华人民共和国劳动法》

第九十八条　用人单位违反本法规定的条件解除劳动合同或者故意拖延不订立劳动合同的，由劳动行政部门责令改正；对劳动者造成损害的，应当承担赔偿责任。

温馨提示

很多单位对与劳动者签订劳动合同存在各种顾虑，认为与劳动者签订劳动合同会在很多方面受限。其实，这些认识和顾虑都是错误的。如果不签订劳动合同，对用人单位来说存在的风险更大。按照法律规定，用人单位只要发生了用工行为，与员工形成了劳动关系，即使没有签订劳动合同，员工也享有《劳动法》规定的各项权利，单位也负有《劳动法》规定的各项义务。

自测小题

判断：用人单位没有和员工签订劳动合同，就不需要对员工工作时的行为负责。(　　)①

① 解答：错误。

没有书面劳动合同，如何确定劳动关系是否存在？

案例实录

2019年2月，肖某应聘到一家图书公司做发行工作，由于公司规模较小，各方面的规章制度不完善，管理也不正规，所以，肖某入职后一直没和公司签订劳动合同。半年后，肖某感觉公司前景渺茫，而且已经拖欠了3个月的工资，于是决定辞职。但是，公司财务拒绝给肖某发放未结算的工资，声称公司与肖某之间没有签订劳动合同，劳动关系事实上不存在。那么，未签订劳动合同该如何证明劳动关系存在？

律师分析

现实中，用人单位不与受聘的劳动者订立劳动合同致使发生争议时，劳动者的合法权益难以维护。根据《劳动合同法》第十条的规定，劳动关系自用人单位用工之日起建立，已建立劳动关系，未同时订立书面劳动合同的，应当自用工之日起一个月内订立书面劳动合同。如果用人单位招用劳动者未订立劳动合同，但劳动者如果能出示工资支付凭证、缴纳社会保险费记录、用人单位发放的工作证和服务证、劳动者填写的用人单位招聘登记表和报名表以及考勤的记录等，就可以证明双方劳动关系的存在。只要劳动者能证明劳动关系的存在，即使没有书面劳动合同，也可以向公司索要劳动报酬。而且根据《劳动合同法》第八十二条第一款的规定，如果用人单位不与劳动者签订劳动合同，自劳动者进入公司一个月至一年这段时间，可以要求公司每月支付二倍的工资。

法条链接

《中华人民共和国劳动合同法》

第十条 建立劳动关系，应当订立书面劳动合同。

已建立劳动关系，未同时订立书面劳动合同的，应当自用工之日起一个月内订立书面劳动合同。

用人单位与劳动者在用工前订立劳动合同的，劳动关系自用工之日起建立。

第八十二条第一款 用人单位自用工之日起超过一个月不满一年未与劳动者订立书面劳动合同的，应当向劳动者每月支付二倍的工资。

《关于贯彻执行〈中华人民共和国劳动法〉若干问题的意见》

17. 用人单位与劳动者之间形成了事实劳动关系，而用人单位故意拖延不订立劳动合同，劳动行政部门应予以纠正。用人单位因此给劳动者造成损害的，应按劳动部①《违反〈劳动法〉有关劳动合同规定的赔偿办法》（劳部发〔1995〕223号）的规定进行赔偿。

温馨提示

《劳动合同法》第八十二条第一款的规定有利于依法保护劳动者的合法权益，有利于规范用人单位的行为，督促用人单位依照法律规定与劳动者签订劳动合同。对于劳动者来说，如果用人

① 现为人力资源和社会保障部。

单位不签订书面劳动合同，可以在工作过程中注意保留上述分析中的证据，以便在发生纠纷时证明自己的主张。

自测小题

选择：小周和公司因为工资发放问题发生纠纷后，发现自己没有和公司签订劳动合同。小周可以用以下哪些证据证明劳动关系存在？(　)[①]

A. 考勤卡

B. 工资支付凭证

C. 社保缴纳记录

D. 工作证

录用通知书可以随意撤销吗？

案例实录

赵某留学回国后，在一家企业工作。去年6月，赵某感觉自己的价值在企业不能充分发挥，便心生去意。后经朋友引荐，与某高科技开发公司达成协议，到该科技公司任研发主管一职。该科技公司向赵某送达了录用通知书，并加盖了公司公章，通知上注明了工作岗位、工资报酬、工作地点、报到日期等。接到录用通知书后，赵某回复对方会在规定的日期报到。后赵某便辞去在企业的工作，准备入职新公司。后来，该科技公司通知赵某，因

① 解答：ABCD。

公司决定暂缓新项目的研发，所以不能录用赵某了。赵某表示不能接受，要求该科技公司按录用通知书的约定履行义务。那么，该科技公司能否撤销与赵某的录用通知书呢？

律师分析

对于录用通知书的法律效力问题，《劳动法》对此没有相应的规定，但是根据《民法典》的规定，录用通知书在法律上的属性应为“要约”。《民法典》第四百七十二条规定，要约是希望与他人订立合同的“意思表示”，该“意思表示”应当符合下列条件：（1）内容具体明确，也就是当事人无须进行协商，受要约人单纯地接受就可以成立合同；（2）表明经受要约人承诺，要约人即受该“意思表示”约束。亦即只要接收要约的一方发出承诺，发出要约的一方就要受到要约的约束。本案中，该高科技开发公司向赵某发出了录用通知书，并注明了工作岗位、工资报酬、工作地点、报到日期等，显然这符合要约的第一个特征——内容具体明确。另外，赵某在收到录用通知书后回复对方，表示会在规定的日期前去报到，这说明赵某对该高科技开发公司的要约作出了承诺，那么这份录用通知书就对双方产生了法律约束力，双方必须予以遵守。因此，该公司突然通知赵某不被录用，所发出的录用通知书无效的行为不仅缺乏法律依据，而且违反了《民法典》的相关条款。

法条链接

《中华人民共和国民法典》

第四百七十二条　要约是希望与他人订立合同的意思表示，

该意思表示应当符合下列条件：

（一）内容具体确定；

（二）表明经受要约人承诺，要约人即受该意思表示约束。

温馨提示

作为用人单位，在向劳动者发出录用通知书之前，一定要了解录用通知书的法律性质和法律风险，否则，一旦录用通知书送达给劳动者，用人单位即受录用通知书的约束，如果撤销，就可能要承担相应的法律责任。

自测小题

判断：公司向小杨发出录用通知书后，可以随意撤销。（ ）[①]

劳动合同可以在试用期后签订吗？

案例实录

杨某是刚毕业的大学生，毕业后在某市找了一份工作。试用期 3 个月，公司包吃住，月薪 5000 元，试用期后月薪为 6500 元。公司负责人告诉杨某，试用期结束后，如果合格，就与其签订劳动合同。杨某很纳闷，劳动合同不是入职后就要签订吗？公司可以规定试用期满后才签订劳动合同吗？

① 解答：错误。

律师分析

根据《劳动合同法》第十九条第四款的规定，试用期包含在劳动合同期限内。在试用期内，劳动者享有在劳动合同期限内享有的权利。本案中，公司应该与杨某在试用期前签订劳动合同。如果在试用期后签订，就是不合法的。杨某应该依法要求与公司签订劳动合同，以维护自己的合法权益。

法条链接

《中华人民共和国劳动合同法》

第十九条第四款　试用期包含在劳动合同期限内。劳动合同仅约定试用期的，试用期不成立，该期限为劳动合同期限。

温馨提示

试用期是在劳动合同中约定的，而不是一个单独的关于试用期的规定，劳动合同生效和终止的时间都应包括试用期，而且计算劳动合同期限也应当包括试用期。劳动关系自用工之日确立，试用期包含在劳动合同内。并且，劳动合同的期限不能仅是试用期的期限，否则不成立试用期。

自测小题

判断：公司和小丁在劳动合同中仅约定了试用期的期限，没有约定劳动合同期限，是合法的。(　　)①

① 解答：错误。

劳动合同中可以要求女职工工作期间不结婚吗?

案例实录

某宾馆处于国家级旅游胜地，经济效益一直不错。后宾馆开发了高山滑雪项目，需要增加员工，便向社会公开招聘服务人员。应聘者很多，经过层层选拔有10名女孩通过。宾馆考虑到女孩们都是20岁出头，马上要面临结婚生子的问题，会给以后的工作带来很大的麻烦。于是，宾馆在签订劳动合同的时候和她们说明，如果想在宾馆长期干下去，就要在劳动合同中写明合同期间不结婚。女孩们拒绝签订这样的劳动合同，并将宾馆告上法院。请问宾馆作为用人单位，可以在合同中要求女职工工作期间不结婚吗?

律师分析

根据《妇女权益保障法》第二十三条的规定，劳动合同中不得包含限制女职工结婚、生育的内容。本案中，该宾馆在招用女员工时考虑到女孩们都是20岁出头，马上要面临结婚生子的问题，会给以后的工作带来很大的麻烦，所以要求其在劳动合同中约定合同期间不结婚。这是不符合规定的，女孩们有权拒绝签订这样的劳动合同。

法条链接

《中华人民共和国妇女权益保障法》

第二十三条第二款　各单位在录用女职工时，应当依法与其签订劳动（聘用）合同或者服务协议，劳动（聘用）合同或者服务协议中不得规定限制女职工结婚、生育的内容。

温馨提示

公民在不违反法律和社会公序良俗的前提下，有权依照自己的意愿自主地决定婚姻问题，任何组织或个人都不得限制和干涉。用人单位在劳动合同中或者规章制度中规定女职工不能结婚或者生育的内容是违法的，不受法律保护。任何用人单位不得以此为由解除劳动合同，否则将承担违法解除劳动合同的赔偿责任。

自测小题

选择：公司不能在劳动合同中约定以下哪些条款？（　）[①]

A. 员工在 2 年内不得结婚

B. 员工不能在合同期限内生孩子

C. 员工不能无故迟到 3 次

D. 员工上班需要穿制服

能否以分公司的名义与员工签订劳动合同？

案例实录

某日化公司是某集团的分公司，但分公司没有办理营业执照。今年春季，经总公司同意，该日化公司刘经理招聘了 4 名员工。刘经理打算以分公司的名义签订用工合同，但是员工朱某认为，发生纠纷后找分公司根本解决不了问题，要求与总公司签订劳动合同。那么，分公司招聘员工，能否以分公司的名义与员工签订

① 解答：AB。

劳动合同呢?

律师分析

案例中，刘经理不能以分公司的名义签订用工合同。《劳动合同法实施条例》第四条规定："劳动合同法规定的用人单位设立的分支机构，依法取得营业执照或者登记证书的，可以作为用人单位与劳动者订立劳动合同；未依法取得营业执照或者登记证书的，受用人单位委托可以与劳动者订立劳动合同。"根据本条规定，依法取得营业执照或者登记证书的分支机构具有用工主体资格，可以作为用人单位与劳动者订立劳动合同，可以直接作为劳动合同中的用人单位一方。未依法取得营业执照或者登记证书的分支机构，只能受用人单位委托与劳动者订立劳动合同，即劳动合同中的用人单位只能是设立该分支机构的单位，而不能将分支机构直接列为用人单位。该日化公司作为分公司，未取得营业执照，也没有总公司的任何委托，就不能以分公司的名义与员工朱某等4人签订劳动合同。

法条链接

《中华人民共和国劳动合同法实施条例》

第四条　劳动合同法规定的用人单位设立的分支机构，依法取得营业执照或者登记证书的，可以作为用人单位与劳动者订立劳动合同；未依法取得营业执照或者登记证书的，受用人单位委托可以与劳动者订立劳动合同。

温馨提示

用人单位分支机构的法律地位较为特殊，一方面它不具有独立的法人资格，另一方面它又具有相对的独立性。因此，依法取得营业执照或者登记证书的分支机构具有一定的用工资格，此外只有在获得用人单位授权的情况下才能招用劳动者，这是一种委托行为，受托的结果归于委托单位，因此应有委托书。

自测小题

判断：依法取得营业执照的分公司可以作为用人单位和劳动者签订劳动合同。（　）①

企业必须与老职工签订无固定期限劳动合同吗？

案例实录

某锅炉厂是某市的纳税大户，也是当地的知名企业。童某在该厂一直从事质量检测工作，工作 10 多年来一直没有出现过失误。童某听说工作满 10 年就可以与单位签订无固定期限劳动合同，以后就有保障了，便在劳动合同期满后要求与单位签订无固定期限劳动合同。厂领导对他的要求给出了两个选择：一是不签订无固定期限劳动合同；二是签订无固定期限劳动合同后，童某不能在质检部门继续工作。童某不同意厂领导的说法，坚持与锅炉厂签订无固定期限劳动合同。那么，企业是否必须与老职工签订无固定期限劳动合同呢？

律师分析

无固定期限劳动合同是指用人单位与劳动者约定无确定终止

---

① 解答：正确。

时间的劳动合同。无固定期限劳动合同不是一经签订就不能解除，它所指的无确定终止时间，是指劳动合同没有确切的终止时间，而非没有终止时间。它既不是劳动者的“护身符”，也不是用人单位的“终身包袱”。劳动者和用人单位应该对无固定期限劳动合同有一个正确的认识，理性对待无固定期限劳动合同。我国《劳动法》和《劳动合同法》都规定，劳动者在用人单位连续工作满10年的，劳动者提出订立无固定期限合同的，应当订立无固定期限劳动合同。本案中，童某在某锅炉厂已经连续从事质检工作满10年，如果他提出同意与锅炉厂续订劳动合同，则锅炉厂应当和他签订无固定期限劳动合同，除非童某自己要求订立固定期限劳动合同。

法条链接

《中华人民共和国劳动合同法》

第十四条　无固定期限劳动合同，是指用人单位与劳动者约定无确定终止时间的劳动合同。

用人单位与劳动者协商一致，可以订立无固定期限劳动合同。有下列情形之一，劳动者提出或者同意续订、订立劳动合同的，除劳动者提出订立固定期限劳动合同外，应当订立无固定期限劳动合同：

（一）劳动者在该用人单位连续工作满十年的；

……

温馨提示

无固定期限劳动合同并非终身合同，在遇到有法定事由的情况下，可以提前解除。由于劳动合同建立在意思自治的基础上，劳动者和用人单位也可以在无固定期限劳动合同中约定合同终止条件，一旦终止条件出现，劳动合同就可以终止。

自测小题

判断：老周在某公司连续工作了12年，可以要求和公司签订无固定期限劳动合同。(　)①

签订无固定期限劳动合同应具备哪些条件?

案例实录

杨某所在的国有企业实行改制，打破了原来的录用制度，实行劳动合同制。杨某已经在该企业工作了20年，为企业的发展作出了很多贡献，对企业已经有很深厚的感情，现年56岁的杨某还有4年就要退休了。那么，在这种情况下，杨某可以要求与企业签订无固定期限劳动合同吗?

律师分析

杨某可以与企业订立无固定期限劳动合同。《劳动合同法》第十四条明确规定，用人单位初次实行劳动合同制度或者国有企业改制重新订立劳动合同时，劳动者在该用人单位连续工作满10年且距法定退休年龄不足10年的，除劳动者提出订立固定期限劳动合同外，应当订立无固定期限劳动合同。杨某在该企业工作了

① 解答：正确。

20 年，符合法律规定的在用人单位连续工作满 10 年的要求，而且杨某还有 4 年就到退休年限，符合法律规定的距法定退休年龄不足 10 年的情况，所以，可以要求与企业签订无固定期限劳动合同。

法条链接

《中华人民共和国劳动合同法》

第十四条　无固定期限劳动合同，是指用人单位与劳动者约定无确定终止时间的劳动合同。

用人单位与劳动者协商一致，可以订立无固定期限劳动合同。有下列情形之一，劳动者提出或者同意续订、订立劳动合同的，除劳动者提出订立固定期限劳动合同外，应当订立无固定期限劳动合同：

（一）劳动者在该用人单位连续工作满十年的；

（二）用人单位初次实行劳动合同制度或者国有企业改制重新订立劳动合同时，劳动者在该用人单位连续工作满十年且距法定退休年龄不足十年的；

（三）连续订立二次固定期限劳动合同，且劳动者没有本法第三十九条和第四十条第一项、第二项规定的情形，续订劳动合同的。

用人单位自用工之日起满一年不与劳动者订立书面劳动合同的，视为用人单位与劳动者已订立无固定期限劳动合同。

温馨提示

无固定期限劳动合同是指用人单位与劳动者约定无确定终止

时间的劳动合同。订立无固定期限劳动合同的目的是维护为企业奉献多年的劳动者的合法权益，为他们今后的发展提供可靠的保障，这样有利于员工职业生涯的发展，也有利于企业的发展。

自测小题

选择：在以下哪些情况下，劳动者可以要求和公司签订无固定期限劳动合同？（　）①

A. 小张在公司工作了 15 年

B. 小李连续和公司订立了两次固定期限劳动合同，续订劳动合同时

C. 小王在公司工作了 8 年

D. 小孙是公司的总经理

劳动合同中能否约定工伤自负条款?

案例实录

某装饰装潢公司与新员工签订劳动合同，约定每个月工资为 3000 元，如果效益好另有奖金。试用期 3 个月，试用期的工资为 2500 元，无奖金，公司负责解决住宿问题。另外合同中注明，在工作期间，如果因职工自身过错导致伤亡，公司不负任何责任。后公司接到某写字楼装潢翻新工作，开工不到 1 个月，电工邱某在连接天花板电线时不慎踩空跌了下来，造成轻微脑震荡，右腿

① 解答：AB。

骨折，手术治疗共花费1万多元。伤愈后邱某找到公司，要求公司支付其医疗费用。公司领导认为双方已在合同中约定，因自身不慎或失误导致的工伤概不负责，公司没有义务替邱某支付医疗费用。那么，企业能否在劳动合同中约定工伤自负条款？

律师分析

劳动者与用人单位之间是一种协议上的合作关系，劳动者为用人单位提供劳动，用人单位为劳动者提供劳动条件和报酬。如果用人单位为免除自己的责任，在劳动合同中约定一切风险由劳动者自己承担，对劳动者来说是不公平的。本案中，该装饰装潢公司在与员工的劳动合同中约定，在工作期间，如果因职工自身过错导致的伤亡，公司不负任何责任。此为装饰装潢公司免除自己法定责任、排除劳动者权利的条款，依照我国《劳动合同法》的规定该条款是无效的。电工邱某在工作过程中不慎踩空，造成轻微脑震荡，右腿骨折，属于我国《工伤保险条例》关于“职工在工作时间和工作场所内，因工作原因受到事故伤害的，应当认定为工伤”的规定。劳动者在工作中发生工伤事故后，用人单位有不可推卸的责任，应该及时救治，并予以工伤待遇。因此装饰装潢公司与邱某签订的劳动合同中关于工伤责任的条款是无效的，邱某手术治疗共花费一万多元，理应由装饰装潢公司承担。

法条链接

《工伤保险条例》

第四条第三款　职工发生工伤时，用人单位应当采取措施使工伤职工得到及时救治。

第十四条　职工有下列情形之一的，应当认定为工伤：

（一）在工作时间和工作场所内，因工作原因受到事故伤害的；

……

《中华人民共和国劳动合同法》

第二十六条　下列劳动合同无效或者部分无效：

……

（二）用人单位免除自己的法定责任、排除劳动者权利的；

……

《中华人民共和国劳动法》

第十八条　下列劳动合同无效：

（一）违反法律、行政法规的劳动合同；

……

温馨提示

因工负伤，是指劳动者在劳动过程中，因执行职务而受到的伤害，根据我国法律法规规定，工伤保险执行的是“无过失补偿原则”，只要是劳动者在工作时间、工作地点、因为工作受到伤害，不管用人单位有无过错、有无责任，都应依法给劳动者进行医治、救助。合同中约定“工伤自负”的条款是用人单位为免除自己责任、排除劳动者权利的表现，这种违反法律法规的条款是无效的。

自测小题

判断：建筑公司和工人在劳动合同中约定伤亡自负，是合法

合规的。(　)①

企业与员工签订劳动合同能否向其收取培训费?

案例实录

某科技开发公司主要做电子产品开发和市场推广，要求每位员工都要对该电子产品有较深入的了解，所以经常对员工进行培训。以前对员工进行培训都是免费的，随着经济不景气，有些公司无力承担培训费用，因此决定对老员工每次培训收取20%的费用，对新员工收取80%的费用。后公司招聘两名市场推广人员，在签订合同时，公司要求两人每人交纳2000元的培训费。两人拒绝交纳，但两人又不想放弃此工作，就参加了公司组织的培训。后该公司称两人接受了培训，证明其愿意来公司工作，就应该交纳培训费用，否则不予签订劳动合同，两人还要为几天的培训付费。那么，企业和员工签订劳动合同时能否向员工收取培训费呢?

律师分析

我国《劳动法》规定，用人单位应当建立职业培训制度，按照国家规定提取和使用职业培训经费，根据本单位实际，有计划地对劳动者进行职业培训。由此可知，给员工提供职业培训是用人单位的义务，其费用理应由用人单位支付，不能将培训费作为

---

① 解答：错误。

额外的费用要求员工自己承担。我国《劳动部[1]关于严禁用人单位录用职工非法收费的通知》规定，用人单位不得在招工条件中规定个人缴费内容，劳动行政部门要加强对用人单位录用职工行为的监督检查，对用人单位在录用职工时非法向劳动者个人收取费用的，应责令用人单位退还劳动者。本案中，该科技开发公司要求两位市场推广人员交纳2000元的培训费没有法律依据，两人可以不交纳。此外，该公司不得以其他名目向劳动者收取费用，如集资、风险基金、培训费、抵押金、保证金等，更不能把缴费作为录用的前提条件，非法向劳动者收取费用。

法条链接

《中华人民共和国劳动法》

第六十八条　用人单位应当建立职业培训制度，按照国家规定提取和使用职业培训经费，根据本单位实际，有计划地对劳动者进行职业培训。

从事技术工种的劳动者，上岗前必须经过培训。

《劳动部[2]关于严禁用人单位录用职工非法收费的通知》

二、用人单位不得在招工条件中规定个人缴费内容，劳动行政部门要加强对用人单位招工启示、简章的审查，对违反规定的，应给予警告，并责令其改正。

三、劳动行政部门要加强对用人单位录用职工行为的监督检查。对用人单位在录用职工时非法向劳动者个人收取费用的，应

① 现为人力资源和社会保障部。

② 同上。

责令用人单位立即退还劳动者；对用人单位招工后不能向职工提供正常工作岗位或不能保障职工其他各项劳动权利的，应依法予以纠正；给劳动者造成经济损失的，应责令其赔偿。因此而发生的劳动争议，当事人有权向劳动争议仲裁委员会申请仲裁。

温馨提示

我国法律明确规定用人单位有责任和义务对员工进行职业培训。用人单位有计划地对员工进行培训有利于提高员工的工作能力，更有利于企业的长期发展。

自测小题

判断：公司可以和劳动者在劳动合同中约定，职业培训的费用从以后工资里面扣。(　)①

非全日制工作需要订立劳动合同吗？

案例实录

面临房贷压力的小张想在业余时间找一份兼职工作，以减轻生活压力。小张每周都有双休日，所以他找了一份周末在某超市做临时促销员的工作。在入职前，小张将自己的基本情况告知了超市，但是，超市认为即使是兼职也需要签劳动合同，以保障超市的利益。但是，小张认为签合同是没有必要的。那么，非全日制工作需要订立劳动合同吗？

① 解答：错误。

律师分析

小张找的这份兼职工作属于非全日制用工。《劳动合同法》第六十九条规定："非全日制用工双方当事人可以订立口头协议。从事非全日制用工的劳动者可以与一个或者一个以上用人单位订立劳动合同；但是，后订立的劳动合同不得影响先订立的劳动合同的履行。"因此，小张可以拒绝与该兼职单位签订书面的劳动合同。

法条链接

《中华人民共和国劳动合同法》

第六十九条　非全日制用工双方当事人可以订立口头协议。

从事非全日制用工的劳动者可以与一个或者一个以上用人单位订立劳动合同；但是，后订立的劳动合同不得影响先订立的劳动合同的履行。

温馨提示

《劳动合同法》第六十九条的规定是为了更好地保持非全日制用工形式的灵活性以促进就业。但是，即使是口头协议也具有法律效力，双方应该按照口头约定的内容履行各自的义务，不得损害另一方的正当权益。

自测小题

判断：小朱在某咖啡厅做兼职，可以和咖啡厅协商签订劳动合同。(　)①

---

① 解答：正确。

劳务派遣单位可以向劳动者收取服务费吗?

案例实录

刚刚大学毕业的小张与某劳务派遣公司签订劳动合同，合同履行期为自签约之日起3年，并约定：小张接受劳务派遣期间月工资为3500元，但劳务派遣公司需扣除200元作为公司的管理费和服务费；无派遣任务时，按月工资2000元计发，且不收取任何费用。小张有些疑惑：法律不是规定用人单位不能向劳动者收取任何费用吗？那么，劳务派遣单位是否可以向劳动者收取服务费呢？

律师分析

现实中，很多劳务派遣组织是以劳务承包或劳务中介为主，兼营劳务派遣。这些组织认为自己向劳动者提供了服务，就有权利从中提取一定数额的费用，作为自己的劳动所得。但是，《劳动合同法》第九条规定：“用人单位招用劳动者，不得扣押劳动者的居民身份证和其他证件，不得要求劳动者提供担保或者以其他名义向劳动者收取财物。”《劳动合同法》第六十条第三款也规定：“劳务派遣单位和用工单位不得向被派遣劳动者收取费用。”可见，劳务派遣公司以劳务派遣的名义招用劳动者，双方应当依照《劳动合同法》第五十八条的规定，签订两年以上的固定期限劳动合同。劳务派遣单位没有权利向劳动者收取任何费用，因为劳务派遣性质不同于“职业介绍中介”，不能以给劳动者介绍工作为由，收取任何费用。案例中，劳务派遣公司收取管理费、服务费的行为是违法的。

法条链接

《中华人民共和国劳动合同法》

第九条　用人单位招用劳动者，不得扣押劳动者的居民身份证和其他证件，不得要求劳动者提供担保或者以其他名义向劳动者收取财物。

第六十条第三款　劳务派遣单位和用工单位不得向被派遣劳动者收取费用。

温馨提示

有些劳动者就业能力较低，或者流动性较大，劳务派遣所提供的短期、临时的工作性质能满足这部分劳动者的需要，在一定程度上缓解就业压力。应当说，劳务派遣方式更多的是资本的选择，而不是劳动者的选择，因为企业的目的是以此降低用工成本，因此被派遣劳动者的权益极易受到侵犯。

自测小题

选择：劳务派遣公司的以下哪些行为是不合适的？(　　)①

A. 要求员工缴纳工作介绍费

B. 扣留员工的身份证

C. 对员工进行岗前培训

D. 为员工缴纳社保

---

①　解答：AB。

连续用工期间可以订立多个派遣协议吗？

案例实录

去年，电工老刘与某劳务派遣公司签订了为期3年的劳动合同，约定从事电力维修工作。之后老刘被派往某建筑公司从事电力设备维修工作。但是工作了一段时间后，老刘发现了一个问题：每当工作将要满2个月时，他都会被用人单位通知休假，隔几天后，又被通知继续上班。老刘因此失去了很多应得的福利待遇。那么，在连续用工期间是否可以订立多个派遣协议呢？

律师分析

在一个派遣期内签订多个派遣协议的行为是违法的。我国《劳动合同法》第五十九条第二款明确规定，用工单位应当根据工作岗位的实际需要与劳务派遣单位确定派遣期限，不得将连续用工期限分割订立数个短期劳务派遣协议。据此可知，一个派遣期的强制分割是法律所不允许的。此外，《劳动合同法》第六十二条规定，提供与工作岗位相关的福利待遇是用工单位的一项法定义务，是职工享受同工同酬待遇的具体体现。案例中，派遣单位和用工单位以分割派遣期的手段逃避老刘本应享有的福利待遇的行为，是与法律相违背的。

法条链接

《中华人民共和国劳动合同法》

第五十九条第二款　用工单位应当根据工作岗位的实际需要与劳务派遣单位确定派遣期限，不得将连续用工期限分割订立数个短期劳务派遣协议。

第六十二条　用工单位应当履行下列义务：

（一）执行国家劳动标准，提供相应的劳动条件和劳动保护；

（二）告知被派遣劳动者的工作要求和劳动报酬；

（三）支付加班费、绩效奖金，提供与工作岗位相关的福利待遇；

（四）对在岗被派遣劳动者进行工作岗位所必需的培训；

（五）连续用工的，实行正常的工资调整机制。

用工单位不得将被派遣劳动者再派遣到其他用人单位。

温馨提示

在订立劳务派遣协议时，用工单位与劳务派遣单位应当遵循实际需要的原则来确定派遣期限。此外，将连续用工期限分割订立数个短期劳务派遣协议是不允许的。分割订立数个短期劳务派遣协议往往成为相关单位实践中逃避社会保险、正常的工资调整等的手段，这是对劳动者合法劳动权益的一种侵害，对其进行禁止有利于保护劳动者的合法劳动权益。

自测小题

选择：劳务派遣公司的哪些行为是不可取的？（　）①

A. 和用人单位将连续的用工期限签订为 4 个短期的劳动合同

B. 和小张签订兼职的劳动合同

C. 和老周约定不给老周缴纳社保

① 解答：ABCD。

D. 和小静约定的工资为同岗位其他员工的80%

任何工作岗位都可以使用劳务派遣人员吗？

案例实录

高女士经朋友介绍到某公司担任财务总监，因是朋友关系，双方当时并未签订劳动协议，直到1年后，公司才与她签了一份合同，但合同的具体内容高女士没有细看。后来，由于高女士身体不适，去医院看病才发现公司一直没有为自己缴纳社会保险。与公司协商无果后，她只能向劳动保障监察部门求助，不料公司当即翻脸，通知她不用上班了，并拿出合同指出高女士是一家外省劳务派遣公司员工，与公司不存在劳动关系。那么，用工单位是否可以在任何工作岗位使用劳务派遣人员？

律师分析

《劳动合同法》第六十六条规定："劳动合同用工是我国的企业基本用工形式。劳务派遣用工是补充形式，只能在临时性、辅助性或者替代性的工作岗位上实施。前款规定的临时性工作岗位是指存续时间不超过六个月的岗位；辅助性工作岗位是指为主营业务岗位提供服务的非主营业务岗位；替代性工作岗位是指用工单位的劳动者因脱产学习、休假等原因无法工作的一定期间内，可以由其他劳动者替代工作的岗位……"案例中，高女士担任的是财务总监岗位，且工作时间已持续一年，该公司的做法明显违反了上述法律规定，应依法承担法律责任。

法条链接

《中华人民共和国劳动合同法》

第六十六条　劳动合同用工是我国的企业基本用工形式。劳务派遣用工是补充形式，只能在临时性、辅助性或者替代性的工作岗位上实施。

前款规定的临时性工作岗位是指存续时间不超过六个月的岗位；辅助性工作岗位是指为主营业务岗位提供服务的非主营业务岗位；替代性工作岗位是指用工单位的劳动者因脱产学习、休假等原因无法工作的一定期间内，可以由其他劳动者替代工作的岗位。

用工单位应当严格控制劳务派遣用工数量，不得超过其用工总量的一定比例，具体比例由国务院劳动行政部门规定。

温馨提示

用人单位有时会为了降低用工成本，逃避法律责任，任意使用劳务派遣工。若不对这一用工形式加以规范，任其发展，劳务派遣很有可能在将来成为所有企业用工的常态，劳动关系的基础将受到严峻的挑战，劳动者的合法权益将无法得到应有的保障，社会公平也将难以维护和实现。该条规定了劳务派遣的岗位适用范围，包括临时性、辅助性或者替代性的工作岗位。具体的工作岗位则授权国务院劳动行政部门制定。

自测小题

判断：快递员这个岗位可以使用劳务派遣工。(　)①

① 解答：正确。

劳务派遣公司可以招用临时工吗?

案例实录

常先生是一家民营企业的精算师，打算在业余时间做兼职。经朋友介绍，常先生与一家人力资源公司达成口头协议，约定了工作时间、工作内容等。不久之后，在未与该人力资源公司签订劳动合同的情形下，常先生以临时用工形式，被派遣到一家商贸公司工作。请问劳务派遣公司是否可以招用临时工?

律师分析

《劳动合同法》第五十八条第二款规定：“劳务派遣单位应当与被派遣劳动者订立二年以上的固定期限劳动合同，按月支付劳动报酬；被派遣劳动者在无工作期间，劳务派遣单位应当按照所在地人民政府规定的最低工资标准，向其按月支付报酬。”由此可见，劳务派遣单位至少应当与被派遣劳动者订立二年以上的固定期限劳动合同，而不应是非全日制用工。非全日制用工属于一种灵活的用工形式，双方当事人可以订立口头协议，且可以随时提出终止用工，这显然与劳务派遣必须订立二年以上的固定期限劳动合同的规定相冲突。《劳动合同法实施条例》第三十条规定：“劳务派遣单位不得以非全日制用工形式招用被派遣劳动者。”该条对劳务派遣单位招用非全日制用工做出了明确的禁止。

法条链接

《中华人民共和国劳动合同法》

第五十八条第二款　劳务派遣单位应当与被派遣劳动者订立

二年以上的固定期限劳动合同，按月支付劳动报酬；被派遣劳动者在无工作期间，劳务派遣单位应当按照所在地人民政府规定的最低工资标准，向其按月支付报酬。

《中华人民共和国劳动合同法实施条例》

第三十条　劳务派遣单位不得以非全日制用工形式招用被派遣劳动者。

温馨提示

《劳动合同法》将劳务派遣作为全日制用工的特殊形式，是在全日制用工的基础上所作的特别规范。劳务派遣应当按照全日制用工和劳务派遣的特别规定进行规范。因此，《劳动合同法实施条例》明确规定，劳务派遣单位不得以非全日制用工形式招用被派遣劳动者。至于劳务派遣单位是否可以向用工单位派遣劳动者从事非全日制工作，则不作限制性规定。

自测小题

判断：劳务派遣单位不能和小李签订兼职合同。(　)①

用人单位一定要和员工签订集体合同吗？

案例实录

某有限责任公司主要生产环保外包装材料，公司员工有100多人。公司依法与每个员工签订了劳动合同，依照个人劳动能力

① 解答：正确。

的不同约定不同的具体条件，导致同一生产线上的工人工资差距很大。公司有一个员工自学了法律，提出公司应当与员工签订集体合同，将公司员工的工作条件进行大致约定。公司总经理提出，公司已经依法与每个员工签订了劳动合同，将每个人的工作条件写得很清楚，没有必要再签订一份集体合同。请问企业一定要和员工签订集体合同吗?

律师分析

集体合同是企业与工会签订的以劳动条件为中心内容的书面集体协议。集体合同与劳动合同不同，它不规定劳动者个人的劳动条件，而规定劳动者的集体劳动条件，一般适用于企业和全体工人、职员、企业工会。《劳动法》规定，企业职工可以就劳动报酬、工作时间、休息休假、劳动安全卫生、保险福利等事项，由工会代表或直接推荐职工代表与企业开展平等协商，签订集体合同。职工个人与企业订立的劳动合同中劳动条件和劳动报酬等标准不得低于集体合同的规定。由此可见，签订集体合同并非企业的强制性义务，企业可以签，也可以不签。本案中，该公司已经与每一个劳动者签订了劳动合同，可以不再签订集体合同。

法条链接

《中华人民共和国劳动法》

第三十三条　企业职工一方与企业可以就劳动报酬、工作时间、休息休假、劳动安全卫生、保险福利等事项，签订集体合同。集体合同草案应当提交职工代表大会或者全体职工讨论通过。

集体合同由工会代表职工与企业签订；没有建立工会的企业，由职工推举的代表与企业签订。

第三十四条 集体合同签订后应当报送劳动行政部门；劳动行政部门自收到集体合同文本之日起十五日内未提出异议的，集体合同即行生效。

第三十五条 依法签订的集体合同对企业和企业全体职工具有约束力。职工个人与企业订立的劳动合同中劳动条件和劳动报酬等标准不得低于集体合同的规定。

温馨提示

《劳动合同法》只规定用人单位应当与劳动者签订劳动合同，并未规定用人单位还要与工会签订集体合同，所以签订集体合同不是必需的，用人单位可以直接与员工签订劳动合同。

自测小题

选择：以下哪些选项是正确的？（ ）①

A. 集体合同签订后就生效了

B. 劳动者的工资可以低于集体合同的约定

C. 劳动者的劳动条件应当高于集体合同的约定

D. 集体合同签订后应当报送劳动行政部门，劳动行政部门在法定期间无异议的，合同即生效

① 解答：CD。

集体合同签订后入职的员工，能否享受该合同规定的待遇？

案例实录

去年，某工厂与全体员工签订了集体合同。在集体合同中，双方对工资和奖金作出了约定：该工厂员工除按月领取基本工资和奖金外，还能根据工厂的效益享受额外的季度奖。今年，该厂筹建新车间，并招聘了一批新员工。在与新员工签订的劳动合同中约定：新员工享受高于老员工的基本工资和奖金，但没有季度奖。新车间开工后，经济效益很好，但新员工无法享受老员工的季度奖。1月，新员工集体向工厂提出在新车间实行季度效益奖的要求。工厂以劳动合同中没有约定季度奖为由，拒绝了员工的要求。那么，新员工是否可以要求与老员工同样享受季度奖呢？

律师分析

我国《劳动法》和《集体合同规定》都对集体合同的效力作出了规定，集体合同对企业和企业全体职工具有约束力。企业全体职工包括集体合同签订前加入企业的职工和签订后加入企业的职工。在集体合同签订后加入企业的职工，自加入企业时起当然地取得集体合同关系人的资格，不需要与企业另外订立协议加入集体合同或重新订立集体合同。所以，本案中，该工厂新车间在集体合同订立后加入企业的新员工应与老员工一样，在集体合同的适用范围之内。但是该厂没有按照集体合同的约定让新员工享有季度效益奖，这明显违反了《劳动法》的规定，没有法律效力。新员工要求与老员工一样享受季度奖的权利应当得到保护。

法条链接

《中华人民共和国劳动法》

第三十五条　依法签订的集体合同对企业和企业全体职工具有约束力。职工个人与企业订立的劳动合同中劳动条件和劳动报酬等标准不得低于集体合同的规定。

《集体合同规定》

第六条　符合本规定的集体合同或专项集体合同，对用人单位和本单位的全体职工具有法律约束力。

用人单位与职工个人签订的劳动合同约定的劳动条件和劳动报酬等标准，不得低于集体合同或专项集体合同的规定。

温馨提示

集体合同以全体劳动者的共同利益为中心内容，可以有效地维护劳动者的合法权益。在集体合同签订后加入企业的职工，自加入企业时起当然地取得集体合同关系人的资格，不需要与企业另外订立协议加入集体合同或重新订立集体合同。所以当新员工发现其享有的权利低于根据集体合同规定的权利时，可以运用法律来维护自己的合法权利。

自测小题

判断：新入职的员工已签订集体合同的也应当享有集体合同中约定的奖金。(　)①

① 解答：正确。

第二章

试用期

试用期内企业与劳动者签订试用合同还是劳动合同?

案例实录

某科技有限公司推广部新招聘了一批工作人员，试用期为3个月，试用期工资为每月3000元。其中赵某是名牌大学毕业生，且有一定的工作经验。总经理有意留用赵某，3个月试用期还没有结束就想和他签订劳动合同。有人向总经理建议，试用期内应当签订试用合同，等试用期满再签订劳动合同，这样赵某就不会轻易被其他单位挖走。那么，试用期内企业应该与劳动者签订劳动合同还是试用合同?

律师分析

我国《劳动法》规定，建立劳动关系应当订立劳动合同，即不论是在试用期，或者是以完成一定工作为期限的，企业都应当最迟在员工开始为企业工作时就与员工签订劳动合同，这与“试用期”没有关系。劳动合同证明双方存在劳动关系且双方约定的工资待遇、劳动岗位和职责、劳动条件等内容，有利于明确和维护员工和企业的权益。本案中，该科技有限公司认为赵某是一个合格的人才，想要留用他，应该在赵某进入公司工作后就与其签订劳动合同，这才是真正有诚意的表示，也是对赵某权益的一种保护。

法条链接

《中华人民共和国劳动法》

第十六条 劳动合同是劳动者与用人单位确立劳动关系、明确双方权利和义务的协议。

建立劳动关系应当订立劳动合同。

《中华人民共和国劳动合同法》

第十九条第一款、第四款 劳动合同期限三个月以上不满一年的，试用期不得超过一个月；劳动合同期限一年以上不满三年的，试用期不得超过二个月；三年以上固定期限和无固定期限的劳动合同，试用期不得超过六个月。

……

试用期包含在劳动合同期限内。劳动合同仅约定试用期的，试用期不成立，该期限为劳动合同期限。

温馨提示

《劳动合同法》不允许用人单位与劳动者签订只有试用期而无劳动合同期限的劳动合同。如果劳动合同仅约定试用期，那么该期限直接视为劳动合同期限，即法律认为此类合同没有约定试用期。试用期只有在正式合同中才能约定，也就是说，如果没有订立正式合同就不存在“试用合同”，因此，所有单独的试用合同都是违法的。

自测小题

判断：用人单位可以在劳动合同中只约定试用期。（ ）[1]

---

① 解答：错误。

用人单位在试用期内可以解除劳动合同吗?

案例实录

去年6月初，某企业欲招聘一名人力资源部主管，周某前去应聘。经面试合格后，周某与该企业签订了劳动合同。合同约定期限为3年，试用期为6个月。3个月后，公司领导认为周某的能力不足以胜任人力资源主管的工作，便以周某未达录用标准为由，解除了与周某的劳动合同。那么，劳动者在试用期间被证明不符合录用条件的，用人单位可以解除合同吗?

律师分析

该企业可以解除与周某的劳动合同。劳动者初到一家用人单位，往往会先约定一定期限的试用期。约定试用期的目的是使劳动者与用人单位在充分了解后，在平等、自愿的基础上签订劳动合同。劳动合同的签订，一般约定了劳动者与用人单位在很长一段时期内的劳动合同关系，如果不是经过深思熟虑而盲目地签订合同，结果可能会产生劳动争议。因此，在劳动合同中会约定试用期，试用期间的劳动关系与一般意义上的劳动关系是不同的，即用人单位在此期间可以主张一些权利，而试用期的存在也是基于劳动者与用人单位相互考核的目的。本案中，由于周某在试用期间被证明不符合录用条件，用人单位就可以根据《劳动合同法》第三十九条的规定，解除与周某的劳动合同关系。

法条链接

《中华人民共和国劳动合同法》

第三十九条　劳动者有下列情形之一的，用人单位可以解除劳动合同：

（一）在试用期间被证明不符合录用条件的；

……

温馨提示

在劳动合同中约定试用期，既能使劳动者对用人单位进行了解，以便劳动者作出符合自己意愿的选择，又可以给用人单位考察劳动者是否与录用要求相符的时间，以便为每个工作岗位找到合适的劳动者。所以，当劳动者不适合此份工作时，用人单位可以依法解除劳动合同。需要注意的是，用人单位的录用条件应当明确，并有充分证据证明劳动者不符合录用条件，否则也可能构成违法解除。

自测小题

选择：在试用期内，用人单位可以以下列哪些情形为由解除与劳动者的劳动合同？（　）①

A. 劳动者违反用人单位的规章制度，无故旷工多日

B. 不符合录用标准

C. 劳动者又找了一份新工作，并与其他单位签订了新的劳动合同

D. 劳动者工作失职，导致文件丢失，给公司造成损失

---

① 解答：ABCD。

新技工培训期长，可以将试用期设定为 1 年吗？

案例实录

某公司招聘两名技工。考虑到技工从事的工作比较特殊，要经过老师傅长时间的培训和指导，因此公司在招聘说明中写明，因技工工作性质特殊，其试用期设定为 1 年，前 3 个月试用期间按正式职工 80% 的薪酬计算，以后的试用期按正式职工的薪酬计算。很多符合条件的人看到这一说明都想到公司应聘，但是认为将试用期设定为 1 年时间太长，自己的权益得不到保障。那么，该公司可以因技工工作特殊而将试用期设定为 1 年吗？

律师分析

试用期是指用人单位和劳动者双方相互了解、确定对方是否符合自己的招聘条件或求职条件而约定的考察期。对于用人单位而言，试用期就是供用人单位考察劳动者是否适合其工作岗位的一项制度，给企业考察劳动者是否与录用要求相一致的时间，避免用人单位遭受不必要的损失。对于劳动者而言，在劳动合同中约定试用期，可以维护新招收职工的利益，使被录用的职工有时间考察了解用人单位的工作内容、劳动条件、劳动报酬等是否符合劳动合同的规定。在劳动合同中规定试用期，既是订立劳动合同双方当事人的权利与义务，也为劳动合同其他条款的履行提供了保障。但试用期期限的长短要符合法律的规定，我国《劳动法》规定，试用期最长不得超过 6 个月。《劳动合同法》又进一步进行了详细的规定，劳动合同期限 3 个月以上不满 1 年的，试用期不得超过 1 个月；劳动合同期限 1 年以上不满 3 年的，试用期不得超过 2 个月；3 年以上固定期限和无固定期限的劳动合同，试用期不得超过 6 个月。本案中，公司将试用期设定为 1 年，完全不符合法律的规定，而应当根据自己的具体情况设定合理的试用期，不能因技工工作性质特殊就违法约定试用期。

法条链接

《中华人民共和国劳动合同法》

第十九条第一款　劳动合同期限三个月以上不满一年的，试用期不得超过一个月；劳动合同期限一年以上不满三年的，试用期不得超过二个月；三年以上固定期限和无固定期限的劳动合同，试用期不得超过六个月。

《中华人民共和国劳动法》

第二十一条　劳动合同可以约定试用期。试用期最长不得超过六个月。

温馨提示

用人单位不得随意规定试用期的期限。试用期最长不得超过 6 个月。如果劳动者违反法律规定任意延长试用期，劳动者有权拒绝。

自测小题

选择：小朱和公司签订了 4 年的劳动合同，可以约定多久的试用期？(　)[1]

---

① 解答：ABC。

A. 2 个月

B. 3 个月

C. 6 个月

D. 9 个月

试用期可以归零重新计算吗?

案例实录

某电子商贸公司面向社会招聘一批业务人员。陈某以前是某公司的业务员，她从事电子产品的销售工作多年，经验丰富，曾多次被评为销售冠军。陈某到该电子商贸公司应聘，公司与其约定2个月的试用期。陈某的工作表现一直很好，就在还剩10天试用期满的时候，陈某的爱人从自家楼上摔下，腿部严重受伤，需要陈某回家照顾。陈某在家照顾其丈夫半个月后回到公司，电子商贸公司的总经理告知陈某，她的试用期因事假归零，试用期2个月要重新计算。该电子商贸公司的说法有道理吗?

律师分析

试用期是指用人单位对新招收的职工的思想品德、劳动态度、实际工作能力、身体情况等进行进一步考察的时间期限。用人单位在录用劳动者时，对其基本情况应该在试用期内进行较为全面的了解。我国《劳动合同法》第十九条第二款规定："同一用人单位与同一劳动者只能约定一次试用期。"劳动合同不论发生什么变化，均不能再次约定试用期，更不得以任何理由延长试用期限。所谓重新计算试用期，实际上是变相再次约定试用期的行为，这样的约定与法律强制规定相悖。该电子商贸公司将试用期归零，重新计算试用期的做法是违反法律规定的。

法条链接

《中华人民共和国劳动合同法》

第十九条第二款　同一用人单位与同一劳动者只能约定一次试用期。

温馨提示

虽然试用期属于劳动者和用人单位的约定条款，但双方当事人一经采用试用期的约定，就要遵守《劳动合同法》关于试用期期限的具体规定。用人单位不能任意延长劳动者的试用期限；如果需要延长，应当与劳动者进行协商，协商结果不能违反《劳动合同法》的强制性规定。可见，虽然《劳动合同法》关于试用期的规定限制了当事人之间的意思自治，但为当事人之间提供了利益平衡的标准，在一定程度上保护了劳动者的权益。

自测小题

判断：用人单位有权和劳动者约定多次试用期。(　)①

① 解答：错误。

劳动合同中未约定试用期，工资应如何发放？

案例实录

某超市招聘收银员，赵某前去应聘。招聘方没有告诉赵某福利待遇情况，仅告知其试用期为1个月，合同期限为1年，转正后工资为每月2500元，并提供食宿。求职心切的赵某没有细问便答应了。赵某入职后工作了2个月，超市仍然没有给赵某发工资。赵某便提出辞职，要求超市方支付2个月工资。超市方支付了赵某2500元工资外加1500元试用期工资。赵某认为试用期工资过低。超市负责人则称双方未约定试用期工资，而且超市在试用期为赵某提供了食宿，已经尽了义务。那么，在此种情况下，赵某的试用期工资到底该如何发放？

律师分析

赵某与超市签订的劳动合同体现了当事人双方的真实意思，没有违反法律的强制性规定，属于有效合同，受我国法律保护。但是，对于试用期工资标准，因双方合同没有约定，根据《劳动法》第四十六条、第四十八条及第五十条的规定可知，超市为赵某发放的试用期工资过低。虽然超市在试用期间为赵某提供了食宿，但这属于超市招工说明的内容，已经构成劳动合同的基本内容，不应当包括在赵某的工资里。所以，超市应依据同工同酬原则和公平原则，向赵某支付其试用期工资，至少是劳动合同约定工资的80%，即2000元。

法条链接

《中华人民共和国劳动法》

第四十六条　工资分配应当遵循按劳分配原则，实行同工同酬。

工资水平在经济发展的基础上逐步提高。国家对工资总量实行宏观调控。

第四十八条　国家实行最低工资保障制度。最低工资的具体标准由省、自治区、直辖市人民政府规定，报国务院备案。

用人单位支付劳动者的工资不得低于当地最低工资标准。

第五十条　工资应当以货币形式按月支付给劳动者本人。不得克扣或者无故拖欠劳动者的工资。

《中华人民共和国劳动合同法》

第二十条　劳动者在试用期的工资不得低于本单位相同岗位最低档工资或者劳动合同约定工资的百分之八十，并不得低于用人单位所在地的最低工资标准。

温馨提示

最低工资标准是指劳动者在法定工作时间或依法签订的劳动合同约定的工作时间内提供正常劳动的前提下，用人单位依法应当支付的最低劳动报酬。最低工资标准适用于与用人单位建立了劳动关系的全部劳动者，不论其是在试用期内，还是已经过了试用期成为企业的正式职工。因为即使在试用期内，只要劳动者在法定或者劳动合同约定的工作时间内提供了正常劳动，其获得不低于法律规定的最低工资标准的权利就应当得到保护。

自测小题

选择：小王的工资为5000元，其试用期的工资可以约定为多少元？（　）①

A. 4000元　　B. 3000元

C. 5000元　　D. 2000元

以完成一定工作任务为期限的劳动合同，可以约定试用期吗？

案例实录

某公司招聘3名技术人员，劳动合同约定试用期为2个月，每人每月工资为6000元。3人的劳动合同还有一个补充规定，即劳动合同于3人将公司交代的电脑软件设计完成并验收合格时自然终止。在工作了1个多月的时候，总经理发现3名技术人员中的张某工作状态不佳，经常用公司的电脑进行聊天等与工作无关的事，而且设计工作的进展也比其他两人慢很多。总经理提出解聘张某，而且张某等人的工作只是软件设计，是以完成一定工作任务为期限的工作，可以不采用试用期。张某认为他马上就要满试用期了，公司这么做是想"白用"他2个月，不同意公司的解聘决定。张某的说法有道理吗？

律师分析

根据《劳动合同法》的规定，以完成一定工作任务为期限的劳动合同或者劳动合同期限不满3个月的，不得约定试用期。以

① 解答：AC。

完成一定工作任务为期限约定的任务必须明确、具体，有任务完成的验收标准，不能笼统地进行岗位描述。如软件开发任务，可以以某个软件开发任务完成为期限，但如果只是约定软件开发，并没有明确约定某个任务，就不属于以完成一定工作任务为期限的劳动合同的用工形式。本案中，张某等的电脑软件设计任务，是在其设计完成并验收合格时才结束，属于这一用工形式。由于是以完成一定工作任务为期限，并且以任务的完成作为条件，因此，不能再与劳动者约定试用期。只要任务完成，合同自然终止，用人单位也不需要向劳动者支付经济补偿金。因此本案中，该公司与张某等3人约定试用期不符合法律的规定。在工作中，公司总经理认为张某不符合公司的用人标准，可以与其协商，如果不能协商一致，可以与其解除劳动合同。

法条链接

《中华人民共和国劳动合同法》

第十九条第三款　以完成一定工作任务为期限的劳动合同或者劳动合同期限不满三个月的，不得约定试用期。

温馨提示

在用人单位和劳动者协商一致的前提下可以签订以完成一定工作任务为期限的劳动合同，这样有利于维护劳动者在此阶段的合法权益，也能保证用人单位充足的劳动力，为按时完成任务提供可靠的保障，这对于双方当事人来说是一个双赢的举措。

自测小题

判断：以完成一定工作任务为期限的劳动合同，可以根据需

要约定试用期。(　)[①]

非全日制用工可以约定试用期吗?

案例实录

某大型快递公司为了应对周末的集中快件投递，招聘了一批非全日制快递员。工作时间为每天的上午10点到下午2点。公司和应聘者口头协议，试用期为两周。在试用期内，如果投递快件及时、准确，公司就会录用他们，并且发放工资；如果投递快件比较慢，经常出错，公司就会直接辞退。请问该快递公司可以对非全日制快递员约定试用期吗?

律师分析

《劳动合同法》第七十条规定：“非全日制用工双方当事人不得约定试用期。”非全日制用工本来就属于灵活用工形式，劳动关系的不确定性比全日制用工要大，而且非全日制劳动者的收入往往低于全日制职工，所以更严格地控制试用期来加强对非全日制劳动者的保护。据此可知，案例中的快递公司不得与快递员约定试用期。

法条链接

《中华人民共和国劳动合同法》

第七十条　非全日制用工双方当事人不得约定试用期。

---

① 解答：错误。

温馨提示

《劳动合同法》第七十条明确规定非全日制劳动不得约定试用期，在非全日制用工的试用期问题上最大限度地维护了劳动者的合法权益。非全日制用工作为一种灵活的用工方式和就业形式，体现了我国用工形式的多样化。在用工过程中，目前滥用试用期侵犯劳动者权益的现象比较普遍，包括什么样的劳动岗位需要约定试用期以及约定多长的试用期，在实践中比较混乱。劳动者要提高自己的法律意识，依法维护自己的权益。

自测小题

选择：在以下哪些情况下，用人单位不能与劳动者约定试用期？（　）①

A. 和小张签订了完成某项目设计图纸的劳动合同

B. 劳动合同期限为 6 个月的

C. 劳动合同期限为 12 个月的

D. 非全日制形式用工的

可以在劳动合同中约定“试用期内未完成任务就没有工资”吗？

案例实录

赵某应聘到某化妆品销售公司做销售代表，并与该公司签订了劳动合同。劳动合同约定，赵某的职务为销售代表，每个月要

① 解答：AD。

完成一定的销售额度，试用期为3个月，基本工资每月3000元。完成任务有奖金奖励，如果未完成任务，公司有权给予处罚或不发试用期工资。合同签订后，赵某即正式上班。后由于赵某连续3个月都未完成销售任务，公司拒绝为其支付工资。那么，可以在劳动合同中约定“试用期内未完成任务就没有工资”吗？

律师分析

该公司不能拒付赵某的工资，他们签订的关于试用期内完不成任务就不发工资的条款是无效的。我国《劳动合同法》第二十条规定：“劳动者在试用期的工资不得低于本单位相同岗位最低档工资或者劳动合同约定工资的百分之八十，并不得低于用人单位所在地的最低工资标准。”也就是说，基本工资和是否完成工作任务是不挂钩的，况且，在劳动者提供劳动的基础上，用人单位要保证其得到应有的报酬，且不得低于最低工资标准。本案中，虽然化妆品销售公司有规定试用期内完不成任务的，公司有权不发试用期工资，但这是不符合法律规定的，即无效的规定。因此，赵某应该向公司主张支付工资。

法条链接

《中华人民共和国劳动合同法》

第二十条　劳动者在试用期的工资不得低于本单位相同岗位最低档工资或者劳动合同约定工资的百分之八十，并不得低于用人单位所在地的最低工资标准。

温馨提示

《劳动合同法》第二十条对劳动者在试用期内的工资标准作

出了明确规定。此标准存在3个底限：（1）不能低于本单位相同岗位的最低档工资；（2）不能低于试用期过后转正工资的80%；（3）不得低于当地的最低工资标准。低于这些标准的试用期工资约定，都是无效的。此外，劳动合同约定不予支付工资的协议不具有法律效力。

自测小题

判断：某公司的岗位比较抢手，应聘者比较多。公司为考验应聘者的诚意，约定了试用期零薪制。如果求职者们同意这一规定，那么其就不违法。( )①

劳动合同期限不满3个月可以约定试用期吗？

案例实录

某印刷厂每年到七八月就很忙，为了应付旺季的用工荒，该印刷厂准备招收一批临时工以防止用工短缺导致工厂运转不畅。某高校大三学生小杜，为了在暑期赚点零用钱，进入了该印刷厂配货车间。该印刷厂在小杜进厂时就与其签订了一份劳动合同，合同约定工作时间为2020年7月1日至8月31日，试用期为1个月。试用期工资为正式工资的80%。那么，劳动合同期限不满3个月时，可以约定试用期吗？

---

① 解答：错误。

律师分析

《劳动合同法》第十九条第三款规定："以完成一定工作任务为期限的劳动合同或者劳动合同期限不满三个月的，不得约定试用期。"本案中，由于小杜的工作时间只有2个月，因此，该印刷厂不能与劳动者约定试用期。本案中，该印刷厂与小杜约定试用期不符合法律的规定。小杜可以依法要求该印刷厂取消试用期。

法条链接

《中华人民共和国劳动合同法》

第十九条第三款　以完成一定工作任务为期限的劳动合同或者劳动合同期限不满三个月的，不得约定试用期。

温馨提示

《劳动合同法》第十九条第三款规定，劳动合同期限不满3个月的，不得约定试用期。也就是说，固定期限劳动合同能够约定试用期的起点是3个月。实践中，很多工作不需要试用期劳动者就能胜任。此条法律规定是为了避免用人单位恶意使用试用期，实现劳动关系的平等性，降低劳动者的经济负担。

自测小题

判断：小朱和公司的劳动期限为6个月，可以约定半个月的试用期。(　)①

---

① 解答：正确。

用工单位有义务培训劳务派遣人员吗？

案例实录

贾某等10人是一家劳务派遣公司的员工，签订了2年的固定期限劳动合同。去年6月，他们被外派到一家制衣厂，担任搬运工。工作一段时间后，因制衣厂人员流失较大，于是公司领导商量是否可以将贾某等10人转为车间操作工。但是车间操作工需要具备一定的技术水平，劳务派遣公司与制衣厂就贾某等10人的转岗培训问题协商未果。那么，制衣厂是否有义务培训劳务派遣人员？

律师分析

在劳务派遣中，由于其复杂的三方关系，容易导致各方权利义务纠缠不清，劳务派遣单位与用人单位对被派遣劳动者的义务履行方面相互推诿。为了解决这一问题，加大对被派遣劳动者的保护，《劳动合同法》对劳务派遣单位及用人单位的义务和责任进行了规定，其中之一便是要求用人单位“对在岗被派遣劳动者进行工作岗位所必需的培训”，明确了用人单位的法定义务。在劳务派遣活动中，由于存在派遣单位和接受派遣的单位两方主体，培训这一环节就在两方主体之间出现“踢皮球”的现象。《劳动合同法》的这一硬性规定很好地保护了被派遣劳动者的合法权益。所以，本案中劳务人员的培训应由用工单位也就是制衣厂负责。

法条链接

《中华人民共和国劳动合同法》

第六十二条　用工单位应当履行下列义务：

……

（四）对在岗被派遣劳动者进行工作岗位所必需的培训；

……

温馨提示

劳务派遣单位应当按照用工单位的要求派遣符合其要求的劳动者。但如果用工单位在接受被派遣劳动者后认为按照本单位的岗位需要进一步对劳动者进行培训的，则由用工单位负责对在岗被派遣劳动者进行岗位必需的培训，该费用由用工单位承担。

自测小题

填空：劳务派遣人员应当由________[①]培训。

① 解答：用工单位。

第三章
工 资

企业“包吃包住”，可以扣发员工工资吗？

案例实录

某绢花生产公司与新来的工人刘某签订劳动合同，约定由公司包吃包住。刘某工作后，每月工资为2200元，他听说全厂就他工资最低，很多人的工资都是3000元。刘某很不服气，大家做一样的工作，凭什么自己的工资这么低。他向公司提出增加工资，公司总经理指出，这次招收的工人中只有他在本市没有住处，公司要解决其吃住问题，公司包吃包住的成本折算后是500元，由刘某个人承担200元。新来的工人发的都是试用期工资，是正式职工的80%，而正式工的基本工资是3000元。把实际发的2200元加上扣发的200元，就是试用期工资2400元，完全符合法律规定。请问总经理的说法正确吗？

律师分析

工资是指用人单位依据国家有关规定和劳动关系双方的约定，以货币形式支付给员工的劳动报酬。劳动者付出了劳动，用人单位必须给劳动者支付工资。对劳动者包吃包住，如果没有在劳动合同中明确约定费用从劳动者工资中支付，属于用人单位给予职工的福利，用人单位不能将此计算在工资之内。用人单位通过贴补伙食、住房等支付给劳动者的非货币性收入亦不包括在工资内。因此，公司总经理的说法错误，不能以包吃包住为理由，扣发员工的工资，而应支付刘某实际工资2400元，不应扣发200元。

法条链接

《中华人民共和国劳动合同法》

第二十条　劳动者在试用期的工资不得低于本单位相同岗位最低档工资或者劳动合同约定工资的百分之八十，并不得低于用人单位所在地的最低工资标准。

温馨提示

最低工资是劳动者在法定工作时间或依法签订的劳动合同约定的工作时间内提供正常劳动的前提下，用人单位依法应支付的最低劳动报酬。最低工资不应包含以下几项：（1）延长工作时间工资；（2）中班、夜班、高温、低温、井下、有毒有害等特殊工作环境、条件下的津贴；（3）法律、法规和国家规定的劳动者福利待遇等。

自测小题

填空：小王和公司在劳动合同中约定月工资为10000元，其试用期内的工资至少应为________[①]元。

最低工资包括福利待遇吗?

案例实录

陈某高中毕业后，在同乡苏某的介绍下，到某汽车装备厂做

① 解答：8000。

流水线工人。刚入厂不久，该厂就与陈某签订了劳动合同，明确了工作时间和工资待遇等。陈某初到城市打工就能有两千元的工资，自己感觉很满意。工作了一段时间后，陈某发现自己的工资要比别人的低很多，就向该厂提出了加薪的要求，可是工厂人事科科长认为，陈某的工资在其入厂时就以合同的形式进行了约定，而且该厂发给陈某的基本工资、加班费、社保、职工福利等，合计已经超过当地的最低工资标准，完全符合法律的规定，因此拒绝了陈某的请求。请问该厂人事科科长的说法正确吗？福利待遇能否包含在最低工资里？

律师分析

本案中，该厂人事科科长的说法是不正确的，国家规定的福利待遇不能算在最低工资里。最低工资是指劳动者在法定工作时间内提供正常劳动的前提下，用人单位支付给劳动者的最低劳动报酬。但有几项不能包括在最低工资里，如加班费、在特殊条件下工作的津贴，还有劳动者福利待遇。国家规定最低工资标准，是为了使劳动者所得工资能够维持基本的生活需要，这是强制性规定，必须高于最低工资标准，否则就是无效协议。本案中，该厂虽然与陈某以合同的形式对此进行了规定，但是该合同违反了此强制性规定，是无效的。该厂应当将加班费、福利待遇等从工资中扣除，低于最低工资标准的部分要补发给陈某，并支付赔偿金。

法条链接

《最低工资规定》

第十二条　在劳动者提供正常劳动的情况下，用人单位应支付给劳动者的工资在剔除下列各项以后，不得低于当地最低工资标准：

（一）延长工作时间工资；

（二）中班、夜班、高温、低温、井下、有毒有害等特殊工作环境、条件下的津贴；

（三）法律、法规和国家规定的劳动者福利待遇等。

实行计件工资或提成工资等工资形式的用人单位，在科学合理的劳动定额基础上，其支付劳动者的工资不得低于相应的最低工资标准。

劳动者由于本人原因造成在法定工作时间内或依法签订的劳动合同约定的工作时间内未提供正常劳动的，不适用于本条规定。

温馨提示

《最低工资规定》第十二条是关于劳动者最低工资标准的排除性规定。劳动者如果在法定或者约定的工作时间内，向用人单位提供了正常的劳动，就有权获得一定的劳动报酬。为了保障劳动者的合法权益，法律规定了最低工资标准，还明确了最低工资标准的排除事项，即加班工资、特殊工作的津贴、劳动者依法应得的福利待遇等。

自测小题

选择：最低工资标准中的工资，不包括以下哪些津贴？（　）[1]

A. 高温补贴

---

① 解答：ABCD。

B. 夜班补贴

C. 加班补贴

D. 低温补贴

试用期工资可以低于最低工资标准吗?

案例实录

去年6月，徐某被某包装厂招聘为工人，双方签订了为期2年的劳动合同，试用期为3个月，单位提供住宿和午餐，试用期内每个月工资为1400元。3个月后，徐某了解到当地的最低工资标准是1500元，便找到了厂长，要求按照最低工资标准支付工资。厂长认为徐某还在试用期内，最低工资不适用于试用期职工，况且单位还提供住宿和午餐，这样算下来，厂方实际支付的工资已经达到最低工资标准。那么，厂方的解释合理吗?

律师分析

最低工资标准是劳动者在法定工作时间或依法签订的劳动合同约定的工作时间内提供了正常劳动的前提下，用人单位依法应支付的最低劳动报酬。本案中，徐某按照劳动合同约定的工作时间提供了劳动，根据《劳动合同法》第二十条的规定可知，即使是试用期工资也不得低于最低工资标准。所以，徐某在试用期内，也应享受最低工资保障待遇。虽然厂方提供了住宿和午餐，但《最低工资规定》规定法律、法规和国家规定的劳动者福利待遇等不应包含在最低工资范围内，所以，在徐某提供了正常劳动的情况下，厂方支付给他的工资应在剔除国家规定的福利待遇后，不得低于当地最低工资标准。

法条链接

《中华人民共和国劳动法》

第四十八条第一款　国家实行最低工资保障制度。最低工资的具体标准由省、自治区、直辖市人民政府规定，报国务院备案。

《中华人民共和国劳动合同法》

第二十条　劳动者在试用期的工资不得低于本单位相同岗位最低档工资或者劳动合同约定工资的百分之八十，并不得低于用人单位所在地的最低工资标准。

《最低工资规定》

第十二条　在劳动者提供正常劳动的情况下，用人单位应支付给劳动者的工资在剔除下列各项以后，不得低于当地最低工资标准：

（一）延长工作时间工资；

（二）中班、夜班、高温、低温、井下、有毒有害等特殊工作环境、条件下的津贴；

（三）法律、法规和国家规定的劳动者福利待遇等。

实行计件工资或提成工资等工资形式的用人单位，在科学合理的劳动定额基础上，其支付劳动者的工资不得低于相应的最低工资标准。

劳动者由于本人原因造成在法定工作时间内或依法签订的劳动合同约定的工作时间内未提供正常劳动的，不适用于本条规定。

温馨提示

国家之所以将最低工资保障作为一种制度用法律的形式进行规定，就是为了确保每一位劳动者所得工资足以维持其基本的生活需要，这是法律强制性规定，不容用人单位和劳动者约定低于这一标准，否则，此约定是无效的。

自测小题

判断：小明在试用期内的工资可以低于当地的最低工资标准。(　)①

经济补偿是按基本工资计算吗?

案例实录

2014年7月，李某大学毕业后与某公司签订了为期3年的劳动合同。2017年，合同期满后，由于李某在公司表现出色，公司又与李某续签了3年的劳动合同。2020年，3年的合同期限即将届满，公司决定终止双方的劳动合同。该公司依法应当向李某支付一定的经济补偿。请问该经济补偿中的“月工资”应如何理解?

律师分析

《劳动合同法》第四十七条第一款规定：“经济补偿按劳动者在本单位工作的年限，每满一年支付一个月工资的标准向劳动者

① 解答：错误。

支付。六个月以上不满一年的，按一年计算；不满六个月的，向劳动者支付半个月工资的经济补偿。”本案中，李某在该公司工作了6年，应当获得6个月工资的经济补偿。而每个月的工资标准应当按照《劳动合同法实施条例》第二十七条规定计算：“劳动合同法第四十七条规定的经济补偿的月工资按照劳动者应得工资计算，包括计时工资或者计件工资以及奖金、津贴和补贴等货币性收入。劳动者在劳动合同解除或者终止前12个月的平均工资低于当地最低工资标准的，按照当地最低工资标准计算。劳动者工作不满12个月的，按照实际工作的月数计算平均工资。”

法条链接

《中华人民共和国劳动合同法实施条例》

第二十七条　劳动合同法第四十七条规定的经济补偿的月工资按照劳动者应得工资计算，包括计时工资或者计件工资以及奖金、津贴和补贴等货币性收入。劳动者在劳动合同解除或者终止前12个月的平均工资低于当地最低工资标准的，按照当地最低工资标准计算。劳动者工作不满12个月的，按照实际工作的月数计算平均工资。

温馨提示

用人单位与劳动者解除或者终止劳动合同，依法应当支付劳动者经济补偿。关于经济补偿的月工资应当按照劳动者应得的工资计算，包括计时工资或者计件工资及奖金、津贴、补贴等货币性收入。而且该月工资以劳动者解除或者终止劳动合同前12个月的平均工资计算。

自测小题

选择：计算经济补偿金的工资应当包括以下哪些内容？（　）[①]

A. 基本工资

B. 奖金

C. 高温津贴

D. 加班津贴

公司可以降低女职工怀孕期间的工资吗？

案例实录

杨某是某公司行政人员，她在该公司已经工作了5年，公司根据她平时的工作表现给她的固定工资是每月3000元。杨某30岁结婚，婚后杨某向公司总经理提出计划近期怀孕生子，总经理认为公司现在业务很忙，杨某对公司的行政工作最为熟悉，是否可以晚两年再生孩子。杨某未采纳总经理的建议。杨某怀孕后，公司对她的工资进行了调整，每个月以杨某的实际工作量作为计发标准。办公室的行政工作很多、很杂，没有具体的计算标准。调整后的第一个月，杨某的工资只有1500元。那么，公司有权改变杨某的工资标准吗？

律师分析

用人单位应当尊重与保护女性的生育权，不能因其进入职场

① 解答：ABCD。

工作而剥夺其权利。我国《妇女权益保障法》明确规定，任何单位不得因结婚、怀孕、产假、哺乳等情形，降低女职工的工资。本案中，该公司针对女职工杨某先是不允许其怀孕生子，在杨某怀孕后就降低杨某工资的做法是不符合法律规定的，应当及时予以改正。

法条链接

《中华人民共和国妇女权益保障法》

第二十七条第一款　任何单位不得因结婚、怀孕、产假、哺乳等情形，降低女职工的工资，辞退女职工，单方解除劳动（聘用）合同或者服务协议。但是，女职工要求终止劳动（聘用）合同或者服务协议的除外。

温馨提示

劳动者在孕期、产期、哺乳期内的休养权，是劳动者的合法权益，受到法律保护。所以，女职工孕期的工资按规定应与正常上班一样，基本工资、津贴都是正常发放的，奖金可以根据实际情况酌情发放。

自测小题

判断：用人单位不能因为员工怀孕了就降低员工的工资。（　）[1]

---

[1] 解答：正确。

员工拒绝加班，单位可以扣发其工资吗？

案例实录

张某是某印刷公司员工。2020 年 7 月，公司接到一个大订单，要求其在 1 个月内完成。由于这批订单订货量大，交货时间紧，公司负责人决定全体员工这个月的每个周末都要加班。可是，张某家里有年幼的孩子和瘫痪的婆婆需要照顾，很难做到周末加班。在和负责人协商未果的情况下，张某到下班时间就自行回家了。后公司以张某私自提前下班为由，扣发了张某的工资。那么，员工拒绝加班，单位可以因此扣发其工资吗？

律师分析

劳动者拒绝加班，用人单位不能因此扣发其工资。该公司的做法违反了《劳动合同法》第三十一条的规定，用人单位要严格地执行劳动定额标准，不能随意安排加班。如果确实有必要安排加班，要与员工协商，并且支付相应的加班费。本案中，印刷公司在与员工协商未果的情况下，不得以扣发工资的手段强迫员工加班。

法条链接

《中华人民共和国劳动合同法》

第三十一条　用人单位应当严格执行劳动定额标准，不得强迫或者变相强迫劳动者加班。用人单位安排加班的，应当按照国家有关规定向劳动者支付加班费。

《中华人民共和国劳动法》

第四十一条　用人单位由于生产经营需要，经与工会和劳动者协商后可以延长工作时间，一般每日不得超过一小时；因特殊原因需要延长工作时间的，在保障劳动者身体健康的条件下延长工作时间每日不得超过三小时，但是每月不得超过三十六小时。

温馨提示

加班是指劳动者在规定的工作时间外继续工作。《劳动合同法》第三十一条对用人单位安排劳动者加班作出了限制规定。该法条包括三层意思：（1）用人单位不得强迫劳动者加班，应严格实行劳动者 8 小时工作制，规定法定节假日、年休假和职工探亲假等休假制度，严格限制加班时间；（2）用人单位不得变相强迫劳动者加班；（3）用人单位安排劳动者加班的，应当支付其加班费。标准工作时间以外延长劳动者工作时间和休息日、法定休假日安排劳动者工作，都占用了劳动者的休息时间，应当严格加以限制，多于正常工作时间支付工资报酬就是国家采取的一种限制措施。

自测小题

选择：用人单位以下哪些行为不合法？（　）①

A. 安排劳动者一个月加班 40 个小时

B. 强迫员工加班

C. 在特殊情况下，和小王协商每天加班 1 个小时

D. 不予发放加班工资

---

① 解答：ABD。

如何计算非全日制用工的薪酬？

案例实录

陈某的儿子今年高考，他陪儿子到城里读书。后经亲戚介绍到某家政公司工作，双方签订了非全日制劳动合同。合同约定，陈某的工作内容是按照雇主的要求从事清洁工作，每天工作不超过4小时。因工作的地点和时间都不固定，薪酬不可能按月结算，所以公司按照小时来计算工资。那么，非全日制用工，公司可以按照小时计算薪酬吗？

律师分析

公司可以按照小时计算薪酬。本案中，陈某的工作形式属于非全日制用工。非全日制用工，是指以小时工资计酬为主，劳动者在同一用人单位一般平均每日工作时间不超过4小时，每周工作时间累计不超过24小时的用工形式。按照《劳动合同法》第六十八条的规定，非全日制用工，以小时计酬为主，但也不排除其他合理的计算方式。尽管是按照小时计酬，但是每小时的酬金不能低于用人单位所在地人民政府规定的最低小时工资标准。

法条链接

《中华人民共和国劳动合同法》

第六十八条　非全日制用工，是指以小时计酬为主，劳动者在同一用人单位一般平均每日工作时间不超过四小时，每周工作时间累计不超过二十四小时的用工形式。

第七十二条　非全日制用工小时计酬标准不得低于用人单位

所在地人民政府规定的最低小时工资标准。

非全日制用工劳动报酬结算支付周期最长不得超过十五日。

温馨提示

《劳动合同法》中的最低小时工资，并不是通常理解的最低月工资换算后的最低小时工资，而是国家专门针对非全日制用工的最低小时工资，因此最低小时工资往往比通常理解的最低月工资的标准高。非全日制用工劳动报酬结算周期最长不得超过15日，即用人单位可以按照小时、日或者周结算并支付非全日制用工的劳动报酬，但结算支付劳动报酬的最长期限不得超过15日，否则就是拖欠工资的行为。

自测小题

判断：小张在某书店兼职做店员，书店可以月结工资。（ ）[1]

用人单位始终不能对劳动者调岗降薪吗？

案例实录

王某是某公司车间操作人员，每个月工资为3000元。后来，公司为提高生产效率，进行重大技术革新，引进了先进的生产线。公司遂对王某等工人进行了培训，但王某由于文化水平较低，学习能力差，始终无法达到培训要求。公司便向王某发出调岗通知，将王某调至后勤岗位，工资待遇也降为2700元。王某不服，认为

① 解答：错误。

公司擅自调整员工岗位和薪酬，违反了劳动合同约定。那么，该公司能否对王某进行调岗调薪呢？

律师分析

用人单位拥有经营自主权，但是法律规定用人单位不可滥用经营自主权。按照《劳动法》第十七条、第二十六条、第三十一条的规定，因劳动合同订立时所依据的客观情况发生重大变化，致使原合同无法履行而变更劳动合同，需经双方申诉人协商一致，若不能达成协议，可按法定程序解除劳动合同；因劳动者不能胜任工作而变更、调整职工工作岗位，则属于用人单位的自主权。所以，在劳动者“不能胜任工作”的情况下，用人单位无须与劳动者协商一致，有权直接对其调岗调薪。本案中，王某经公司培训，无法达到培训要求，属于因自身原因无法胜任工作，所以，公司可以对其调岗调薪。

法条链接

《中华人民共和国劳动法》

第十七条　订立和变更劳动合同，应当遵循平等自愿、协商一致的原则，不得违反法律、行政法规的规定。

劳动合同依法订立即具有法律约束力，当事人必须履行劳动合同规定的义务。

第二十六条　有下列情形之一的，用人单位可以解除劳动合同，但是应当提前三十日以书面形式通知劳动者本人：

……

（二）劳动者不能胜任工作，经过培训或者调整工作岗位，仍不能胜任工作的；

……

第三十一条　劳动者解除劳动合同，应当提前三十日以书面形式通知用人单位。

温馨提示

用人单位调整后的岗位应当与劳动者的个人情况、工作能力等相适应，一般应在同类或相似职位体系内进行调整，不能将较高的岗位直接调至较低的岗位，如将公司高管人员直接调至后勤人员，是不符合法律规定的。从程序上讲，用人单位对不胜任工作的劳动者进行调岗时，应书面通知劳动者，并说明调岗的理由以及调整后的岗位和工资标准。

自测小题

判断：小张无法达到现岗位的要求，公司可以对其进行调岗。（　）[①]

劳动者工资应当参照公司注册地还是实际上班地的标准支付？

案例实录

2020 年 6 月，段某被一家教育培训公司录用。上班后段某得知该公司的注册地在 A 市，而他实际在 B 市工作。A 市职工的工资待遇比 B 市好很多，但是公司一直参照 B 市的工资标准给段某

① 解答：正确。

发放薪酬。那么，段某的工资待遇应当参照哪个地方的标准呢？公司的做法合法吗？

律师分析

该公司的做法是正确的。《劳动合同法实施条例》第十四条规定："劳动合同履行地与用人单位注册地不一致的，有关劳动者的最低工资标准、劳动保护、劳动条件、职业危害防护和本地区上年度职工月平均工资标准等事项，按照劳动合同履行地的有关规定执行；用人单位注册地的有关标准高于劳动合同履行地的有关标准，且用人单位与劳动者约定按照用人单位注册地的有关规定执行的，从其约定。"因此，本案中，公司按照段某实际工作地享受相关待遇的做法符合法律规定。

法条链接

《中华人民共和国劳动合同法实施条例》

第十四条　劳动合同履行地与用人单位注册地不一致的，有关劳动者的最低工资标准、劳动保护、劳动条件、职业危害防护和本地区上年度职工月平均工资标准等事项，按照劳动合同履行地的有关规定执行；用人单位注册地的有关标准高于劳动合同履行地的有关标准，且用人单位与劳动者约定按照用人单位注册地的有关规定执行的，从其约定。

温馨提示

鉴于劳动者是在劳动合同履行地提供劳动，劳动合同履行地的自然条件、工作环境、经济发展水平、物价水平等与劳动者提供劳动的过程息息相关。另外，为了维护劳动者的合法权益，兼顾用人单位的利益，体现公平原则，法律明确规定，劳动者在劳动合同履行地执行劳动任务，其享有合法权益一般按照劳动合同履行地的规定执行。但是如果用人单位注册地待遇比较高，双方约定采用用人单位注册地标准的，法律予以认可。

自测小题

填空：小张和注册地在A市的公司签订了劳动合同，约定在B市工作，小张的工资标准应当按照________[①]的有关规定执行。

用人单位未按约定发工资，劳动者怎么办？

案例实录

2019年2月，王某与甲公司签订了为期3年的劳动合同。按照合同约定，王某负责该公司销售主管工作，月薪8000元。王某入职后，兢兢业业地开展工作，并取得了一些成绩。后因市场开发问题，王某与公司总经理产生矛盾，并数次发生争执。公司总经理遂于7月通知财务部停发王某的工资，但公司未明确表示要与王某解除劳动合同，王某仍坚持上班。10月，王某又一次与公司总经理协商未果，要求公司发放7月至10月的工资，公司总经理以其工作业绩不佳为由，拒绝发放。那么，王某应当如何维护自己的合法权益呢？

① 解答：B市。

律师分析

根据《劳动合同法》第三十条的规定，用人单位应当按照劳动合同约定和国家规定，向劳动者及时足额支付劳动报酬。用人单位拖欠或者未足额支付劳动报酬的，劳动者可以依法向当地人民法院申请支付令，人民法院应当依法发出支付令。具体到本案中，王某按照合同约定履行了工作义务，并取得了一些成绩，甲公司却没有支付约定的工资，侵犯了劳动者获得薪金的权利。所以，他可以找公司协商，如果协商不成，他可以依法向当地人民法院申请支付令，人民法院应当依法发出支付令。

法条链接

《中华人民共和国劳动合同法》

第三十条　用人单位应当按照劳动合同约定和国家规定，向劳动者及时足额支付劳动报酬。

用人单位拖欠或者未足额支付劳动报酬的，劳动者可以依法向当地人民法院申请支付令，人民法院应当依法发出支付令。

温馨提示

劳动报酬权是指劳动者依照劳动法律关系，履行劳动义务，由用人单位根据按劳分配的原则和劳动力价值支付报酬的权利。用人单位应严格按照劳动合同履行自己的责任，向劳动者及时足额支付劳动报酬。如果用人单位拖欠或者未足额支付工资，劳动者可以依法向当地人民法院申请支付令，人民法院应当依法发出支付令。用人单位支付给劳动者的劳动报酬包括三个部分：一是货币工资，即用人单位以货币形式直接支付给劳动者的各种工资、奖金、津贴、补贴等；二是实物报酬，即用人单位以免费或低于成本价的价格提供给劳动者的各种物品和服务等；三是社会保险，是指用人单位为劳动者直接向政府和保险部门支付的失业、养老、人身、医疗、家庭财产等保险金。

自测小题

选择：公司没有按时给小张发工资，小张可以怎么做？（　）[①]

A. 向法院申请支付令

B. 到公司去闹

C. 向法院起诉

D. 申请劳动仲裁

被派遣劳动者的工资由谁付？

案例实录

某劳务派遣公司在年初招聘齐某等20余人为自己的员工。公司与齐某等签订了一份为期5年的劳动合同，约定：受派遣时工资为月薪3000元，没有派遣任务时基本工资为月薪2000元。签订合同后不久，公司就接到劳务派遣任务，将齐某等20余人派往某仓库，做仓库整理员。工作后的3个月工资一直由该劳务派遣公司发放，之后改由该仓库直接发放。那么，被派遣劳动者的工资到底应该由谁支付呢？

---

① 解答：A。

律师分析

《劳动合同法》第五十八条第二款规定："劳务派遣单位应当与被派遣劳动者订立二年以上的固定期限劳动合同，按月支付劳动报酬；被派遣劳动者在无工作期间，劳务派遣单位应当按照所在地人民政府规定的最低工资标准，向其按月支付报酬。"此外，《劳动合同法》第五十九条第一款规定："劳务派遣单位派遣劳动者应当与接受以劳务派遣形式用工的单位（以下称用工单位）订立劳务派遣协议。劳务派遣协议应当约定派遣岗位和人员数量、派遣期限、劳动报酬和社会保险费的数额与支付方式以及违反协议的责任。"由此，在劳务派遣关系中，用工单位通过与劳务派遣单位签订劳务派遣协议，由用工单位按照协议约定的支付方式向劳务派遣单位支付劳动报酬。劳务派遣公司作为用人单位应当给劳动者发放工资。需要注意的是，在现实生活中，为了方便劳动者领工资，在用工单位和劳务派遣单位的劳务派遣协议中，可以约定由用工单位支付工资，这样就解决了许多跨地区派遣劳动者领工资不方便的问题。案例中变更了工资的支付方，正是考虑到异地用工的问题，实际上极大地方便了被派遣劳动者。

法条链接

《中华人民共和国劳动合同法》

第五十八条第二款　劳务派遣单位应当与被派遣劳动者订立二年以上的固定期限劳动合同，按月支付劳动报酬；被派遣劳动者在无工作期间，劳务派遣单位应当按照所在地人民政府规定的最低工资标准，向其按月支付报酬。

温馨提示

劳动者在无工作期间，劳务派遣单位要支付不低于劳务派遣单位所在地人民政府规定的最低工资标准的劳动报酬。这样规定可以有效地限制劳务派遣这种用工形式不正常发展。

自测小题

判断：劳务派遣公司的劳动者在没有被派遣时，是可以不发工资的。(　)①

跨地区劳务派遣中，劳动者的工资应按哪里的标准发放？

案例实录

王某到甲市某劳务派遣公司应聘，双方签订了为期2年的劳动合同，约定王某的月工资为2500元。后某劳务派遣公司将王某派往乙市某建筑公司工作。在乙市工作了几个月后，王某偶然听到同事们谈论自己的工资，得知竟然比自己的工资高出许多。王某有些纳闷，同样的工作，为什么工资水平会差这么多呢？后王某了解到，乙市的工资标准比甲市高。王某找到该劳务派遣公司，要求按乙市的工资标准为自己发放工资。那么，像王某这种情况，他的工资到底应该按哪里的标准发放呢？

律师分析

王某的工资应当按照用工单位即乙市的标准发放。王某接受

① 解答：错误。

劳务派遣公司聘用后并未在本地工作，而是被派到外地提供劳务，这从性质上分析属于跨地区劳务派遣。我国《劳动合同法》第六十一条规定："劳务派遣单位跨地区派遣劳动者的，被派遣劳动者享有的劳动报酬和劳动条件，按照用工单位所在地的标准执行。"据此可知，用工单位的工资标准才是接受跨地区劳务派遣人员的工资发放依据。所以，案例中应以乙市用工的工资水平为王某发放工资。

法条链接

《中华人民共和国劳动合同法》

第六十条　劳务派遣单位应当将劳务派遣协议的内容告知被派遣劳动者。

劳务派遣单位不得克扣用工单位按照劳务派遣协议支付给被派遣劳动者的劳动报酬。

劳务派遣单位和用工单位不得向被派遣劳动者收取费用。

第六十一条　劳务派遣单位跨地区派遣劳动者的，被派遣劳动者享有的劳动报酬和劳动条件，按照用工单位所在地的标准执行。

温馨提示

《劳动合同法》第六十条、第六十一条规定主要是为了防止克扣被派遣劳动者的劳动报酬，降低劳动条件。法律之所以规定劳动者的劳动报酬和劳动条件应当按照用工单位所在地区的标准执行，是因为劳务派遣往往是由经济较落后而劳动力相对过剩的地区向经济较为发达但劳动力相对短缺的地区进行的。也就是说，用工单位所在地区的劳动报酬和劳动条件要优于劳务派遣单位所在地区。在现实中，这种劳动报酬和劳动条件的差距往往成为用工单位和劳务派遣单位剥夺劳动者正当权益的理由，劳动者的合法权益往往因此受到损害。

自测小题

填空：小阳由劳务派遣公司从 A 市派遣到 B 市工作，则小阳的工资标准应当按照________[①]的有关规定执行。

劳务派遣员工的加班费应由谁来发放？

案例实录

去年 8 月，张某作为劳务派遣员工，被派到某市一家从事手机经销的公司任促销员。因工作需要，张某经常在节假日加班，但从未收到劳务派遣公司或手机经销公司支付的加班费。半年后，张某要求手机经销公司支付自己节假日期间的加班费，但被手机经销公司拒绝，理由是张某的加班工资应当由与之建立劳动关系的单位支付。但是，手机经销公司与劳务派遣公司签订的劳动派遣协议以及劳务派遣公司与张某签订的劳动合同均没有约定手机经销公司有支付劳务派遣人员加班工资的义务。于是张某便向劳务派遣公司提出支付加班费的要求，劳务派遣公司以其从未安排张某在节假日加班为由予以拒绝。那么，张某的加班费到底该由

① 解答：B 市。

谁来发放呢？

律师分析

张某的加班费应由用工单位即案例中的手机经销公司发放。劳务派遣用工应与用工单位的其他员工享受同工同酬的待遇，支付加班费和奖金就是福利待遇的具体体现。用工单位在实际组织生产的过程中，要求工作人员加班加点是在所难免的，同时由于加班加点具有不确定性，一般不会在用工协议中明确约定其费用的支付情况，但根据《劳动合同法》第六十二条的规定，支付加班费、绩效奖金，提供与工作岗位相关的福利待遇是用工单位的一项法定义务。

法条链接

《中华人民共和国劳动合同法》

第六十二条　用工单位应当履行下列义务：

……

（三）支付加班费、绩效奖金，提供与工作岗位相关的福利待遇；

……

温馨提示

用工单位在生产经营过程中，可能会出现加班加点的情况，而加班费的支付与数额不可能在劳务派遣协议中与劳务派遣单位事先约定。绩效奖金是一个时期或者一项任务完成而按照劳动者劳动绩效计算、发放的奖金，也不能事先约定。提供与工作岗位相关的福利待遇是体现劳务工与用工单位其他员工同工同酬。因此，加班加点工资报酬的加班费、绩效奖金、与工作岗位相关的福利待遇等都应当在劳务派遣单位支付的工资之外，由用工单位向被派遣劳动者支付。

自测小题

选择：小王被甲公司派遣到乙公司工作，因为业绩出色，获得3000元奖金，该奖金应当由谁发放？（　）①

A. 不予发放

B. 甲公司

C. 乙公司

D. 按照合同约定

劳务派遣员工的社会保险应由谁缴纳?

案例实录

马某在某企业打工。2020年6月，该企业与马某签订为期2年的劳动合同，马某未细看就在劳动合同上签了字。后来才得知，许多员工都是以劳务派遣的形式到现在的企业工作的，他们签字的那份劳动合同实际上是和某劳务派遣公司签的。10月，该企业一直没有为马某缴纳社会保险。马某找到企业领导，该领导答复称马某签订的劳动合同是某劳务派遣公司的，其社会保险约定由劳务派遣方为其缴纳。那么，马某的社会保险到底应该由谁缴纳?

---

① 解答：C。

律师分析

我国《劳动合同法》明确规定了签订劳动合同应当具备的内容，其中一条就是为员工缴纳社会保险。本案中，马某是与某劳务派遣公司签订的劳动合同，该劳务派遣公司作为马某的用人单位，依法应履行用人单位对劳动者的义务，为其缴纳社会保险。该劳务派遣公司未依法参加社会保险并足额缴纳费用，违反了《劳动合同法》的规定，给马某造成了损害。据此，马某可以要求该劳务派遣公司为其补缴。另外，《劳动合同法》第九十二条第二款规定："劳务派遣单位、用工单位违反本法有关劳务派遣规定的，由劳动行政部门责令限期改正；逾期不改正的，以每人五千元以上一万元以下的标准处以罚款，对劳务派遣单位，吊销其劳务派遣业务经营许可证。用工单位给被派遣劳动者造成损害的，劳务派遣单位与用工单位承担连带赔偿责任。"由此可见，马某不但可以要求该劳务派遣公司为其缴纳保险，还可以要求该用工企业承担连带赔偿责任。

法条链接

《中华人民共和国劳动合同法》

第十七条　劳动合同应当具备以下条款：

……

（七）社会保险；

……

第九十二条第二款　劳务派遣单位、用工单位违反本法有关劳务派遣规定的，由劳动行政部门责令限期改正；逾期不改正的，以每人五千元以上一万元以下的标准处以罚款，对劳务派遣单位，吊销其劳务派遣业务经营许可证。用工单位给被派遣劳动者造成损害的，劳务派遣单位与用工单位承担连带赔偿责任。

温馨提示

为了保护劳务派遣关系中较弱的一方，即被派遣劳动者的权益，法律规定被派遣劳动者权益受到损害的，由劳务派遣单位和用工单位承担连带责任。这对于防止用工单位不实际承担用工责任，劳务派遣单位不实际承担用人责任，最大限度地保障被派遣劳动者受损的权益得到赔偿，都具有重要的意义和积极的法律效果。

自测小题

判断：劳务派遣公司应当为派遣员工缴纳社会保险。(　)[①]

劳务派遣人员是否应与用工单位的员工享有同样的工资标准？

案例实录

某劳务公司发布招工简章，签订劳动合同，工作岗位：运转工。工作时间：四班三运转。工作地点：B公司。工资：每月3000元。缴纳养老保险。万某经过面试并体检合格后，到B公司上班。工作一段时间后，万某发现B公司同岗位从事同样工作的工人待遇不一样。B公司从事同样工作、工作时间和工作量完全

① 解答：正确。

相同的工人工资却比万某高，为每月3500元。B公司的工人的其他福利待遇，万某也都没有享受到。那么，用工单位是否应该支付劳务派遣人员与本单位员工同样的工资呢？

律师分析

《劳动合同法》第六十三条规定："被派遣劳动者享有与用工单位的劳动者同工同酬的权利。用工单位应当按照同工同酬原则，对被派遣劳动者与本单位同类岗位的劳动者实行相同的劳动报酬分配办法。用工单位无同类岗位劳动者的，参照用工单位所在地相同或者相近岗位劳动者的劳动报酬确定。劳务派遣单位与被派遣劳动者订立的劳动合同和与用工单位订立的劳务派遣协议，载明或者约定的向被派遣劳动者支付的劳动报酬应当符合前款规定。"被派遣的劳动者万某应当享有与用工单位同类岗位的劳动者同工同酬的权利。劳动合同与劳务派遣协议应当遵守同工同酬的规定，劳务派遣公司与用工单位应当按照法律规定调整工资约定。

法条链接

《中华人民共和国劳动合同法》

第六十三条　被派遣劳动者享有与用工单位的劳动者同工同酬的权利。用工单位应当按照同工同酬原则，对被派遣劳动者与本单位同类岗位的劳动者实行相同的劳动报酬分配办法。用工单位无同类岗位劳动者的，参照用工单位所在地相同或者相近岗位劳动者的劳动报酬确定。

劳务派遣单位与被派遣劳动者订立的劳动合同和与用工单位订立的劳务派遣协议，载明或者约定的向被派遣劳动者支付的劳动报酬应当符合前款规定。

温馨提示

用工单位大量使用派遣员工，一个重要的原因就是派遣员工工资水平较低，且没有正式员工的福利，可以大大降低人工成本。因此，《劳动合同法》规定被派遣劳动者享有与用工单位的劳动者同工同酬的权利。这不仅是一个法律问题，也是一个社会问题。同工同酬的权利是劳动者的宪法权利，必须贯彻执行。

自测小题

选择：小牛被甲公司派遣到乙公司工作，乙公司同岗位其他员工工资为6000元，那么小王的工资应该是多少呢？（　）[①]

A. 5000元

B. 6000元

C. 4500元

D. 5500元

用人单位安排补休后，员工还能要求支付加班费吗？

案例实录

小王所在公司由于生产任务紧，经理要求员工公休日加班。小王本来计划公休日外出，但考虑到单位统一要求，而且单位每次加班都按工资的200%支付加班费。所以，小王表示同意加班。

---

① 解答：B。

加班后，经理通知大家下周一全公司统一休息，作为对公休日加班的补休。小王非常不满，认为自己放弃了本来安排好的计划来公司加班，公司应按劳动法规定支付200%的加班费。所以，她不同意安排补休，而是要求支付加班费。那么，小王的要求合理吗？

律师分析

《劳动法》第四十四条规定，“休息日安排劳动者工作又不能安排补休的，支付不低于工资的百分之二百的工资报酬”。可见，休息日安排劳动者工作，企业可以首先安排补休，在无法安排补休时，才支付不低于工资200%的加班费。也就是说，是安排补休还是支付加班费，由企业决定，当企业能够安排职工补休时，职工应当服从。这既保护了劳动者的休息权，也有利于职工的身体健康，同时能使职工及时恢复体力投入工作中，有利于安全生产。所以，小王应当服从企业的安排。

法条链接

《中华人民共和国劳动法》

第四十四条　有下列情形之一的，用人单位应当按照下列标准支付高于劳动者正常工作时间工资的工资报酬：

（一）安排劳动者延长工作时间的，支付不低于工资的百分之一百五十的工资报酬；

（二）休息日安排劳动者工作又不能安排补休的，支付不低于工资的百分之二百的工资报酬；

……

温馨提示

用人单位在安排劳动者工作时，应当严格按照《劳动法》的规定办事。属于哪一种情况，就应该执行法律对这种情况所作出的规定，不能混淆，也不能代替。

自测小题

填空：公司安排小明在周末加班后，应当先安排小明______①，无法补休时才支付两倍工资作为加班补贴。

企业在对设备进行紧急检修时能否让员工超时加班？

案例实录

某制袜厂有两条生产线，有4位工程师日夜值班，对生产线进行维护。制袜厂的生产一直很顺利，一天，一条生产线突然出现故障，面对一件又一件的次品，厂领导心急如焚，命令4位工程师全部到场对生产线进行检修。4位工程师夜以继日地工作了3天，终于检测到问题，并加以解决。此时工程师们提出，他们的工作强度太大，制袜厂应该发加班工资。制袜厂可以在对设备进行紧急检修时让工程师们超时加班工作吗？

律师分析

加班，即职工在法定节假日或公休日进行工作。加点，即职工在每日工作时间之外延长工作时间，推迟下班或提早上班。标

① 解答：补休。

准工作时间是指法律规定的在正常情况下，一般职工从事工作或劳动的时间，包括“标准工作日和标准工作周”两种形式。根据我国现行立法规定，日最高工时为8小时，即劳动者每日工作时间不超过8小时；周最高工时为40小时，即劳动者平均每周工作时间不超过40小时。根据《劳动法》等规定，发生下列情况的其加班加点不受标准工作时间的限制：（1）发生自然灾害事故或者其他原因，使人民生命健康和国家资金遭受威胁，需要及时处理的；（2）生产设备、交通运输线路、公共设施发生故障，影响生产和民众利益，必须及时抢修的；（3）必须利用法定节假日或公休日进行设备检修保养的；（4）国家机关、事业单位为完成国家紧急任务或完成上级安排的其他紧急任务，以及商业、供销企业在旺季完成收购、运输、加工农副产品紧急任务的，等等。该制袜厂生产线出事，4位工程师夜以继日地工作了3天，终于让生产线正常运转。他们的工作属于生产设备发生故障，影响生产，必须及时抢修的情况，依法不受标准工作日的限制。制袜厂恢复生产后应当根据工作情况对其加班工作加发工资。

法条链接

《中华人民共和国劳动法》

第四十一条　用人单位由于生产经营需要，经与工会和劳动者协商后可以延长工作时间，一般每日不得超过一小时；因特殊原因需要延长工作时间的，在保障劳动者身体健康的条件下延长工作时间每日不得超过三小时，但是每月不得超过三十六小时。

第四十二条　有下列情形之一的，延长工作时间不受本法第四十一条规定的限制：

（一）发生自然灾害、事故或者因其他原因，威胁劳动者生命健康和财产安全，需要紧急处理的；

（二）生产设备、交通运输线路、公共设施发生故障，影响生产和公众利益，必须及时抢修的；

（三）法律、行政法规规定的其他情形。

《国务院关于职工工作时间的规定》

第五条　因工作性质或者生产特点的限制，不能实行每日工作8小时、每周工作40小时标准工时制度的，按照国家有关规定，可以实行其他工作和休息办法。

温馨提示

对于《劳动法》关于职工劳动时间和延长工作时间的规定，在一般情况下各个用人单位都应当遵守和执行。但《劳动法》第四十一条关于职工延长工作时间的限制并不是绝对的。在某些特殊情况下，由于发生了威胁劳动者生命、健康或者财产利益的危险，或者生产设备、设施发生故障影响生产和公共利益，或者是具有符合法律规定条件的其他情况时，为了及时消除危险或者排除生产故障，法律规定延长劳动者工作时间可以不受《劳动法》第四十一条的限制。

自测小题

选择：在以下哪些情况下，公司可以延长工作时间超过国家

规定？（　）①

A. 发生了自然灾害，需要紧急处理

B. 生产设备出现问题，需要及时抢修

C. 完成不了订单

D. 公共设施发生故障

企业与职工订立劳动合同让职工加班合法吗？

案例实录

某食品厂得到一批订货合同，由于这批合同订货量大且要求的交货时间紧，厂里自行决定，全体职工每天加班3小时，星期六全天加班。职工郑某等人对厂里的这一决定很不满，认为厂里要求这样的加班，会给自己的生活和休息带来较大影响。郑某多次向厂里提出意见，要求厂里根据职工的实际情况适当改变加班方案，但厂里拒绝了郑某的要求。在坚持了两个星期后，郑某觉得这样加班加点，给自己的生活带来了很大的影响，身体也很疲乏，需要休息。郑某一气之下，按照厂里规章规定的工作时间上班，到点就自行下班，不执行厂里的加班决定。总经理拿出与郑某的劳动合同，指出郑某的劳动合同中明确约定了，如果厂里生产任务紧，郑某会服从厂里的加班安排。现在郑某不依合同办事，违反了合同约定，依约将郑某解雇。那么食品厂有权解雇郑某吗？

---

① 解答：ABD。

律师分析

工作时间制度是保护劳动者身体健康和劳动过程中生产效率和安全的重要制度，任何单位和个人不得擅自延长职工工作时间。因特殊情况和紧急任务确需延长工作时间的，按照国家有关规定执行。《国务院关于职工工作时间的规定》中明确，职工每日工作8小时，每周工作40小时。该食品厂既没有和工会协商，也没有与劳动者协商，就自行作出决定，延长职工的工作时间，不符合法定程序。食品厂必须把延长工作时间的理由、人数、时间长短等向工会说明，以征得工会的同意。根据厂里的要求，全体职工每天加班3小时，星期六全天加班，延长的工作时间总数超出了法律规定的限度。郑某坚持了两个星期，累计加班时间已经违反每月不得超过36小时的规定。总经理指出郑某与厂里签订的劳动合同中明确约定了，如果厂里生产任务紧，郑某会服从厂里的加班安排，但此加班要求违反了法律规定。《劳动合同法》规定，劳动合同如果违反法律、行政法规强制性规定的条款无效，所以劳动合同中生产任务紧、郑某服从厂里的加班安排这一条款无效，厂里无权解雇郑某。

法条链接

《中华人民共和国劳动法》

第三十六条　国家实行劳动者每日工作时间不超过八小时、平均每周工作时间不超过四十四小时的工时制度。

第四十一条　用人单位由于生产经营需要，经与工会和劳动者协商后可以延长工作时间，一般每日不得超过一小时；因特殊原因需要延长工作时间的，在保障劳动者身体健康的条件下延长工作时间每日不得超过三小时，但是每月不得超过三十六小时。

《中华人民共和国劳动合同法》

第二十六条　下列劳动合同无效或者部分无效：

……

（三）违反法律、行政法规强制性规定的。

……

温馨提示

用人单位与劳动者约定的加班时间超过法定时间时，加班的劳动者也愿意按照用人单位的要求去做，不会举报用人单位这一违法行为。但是，工会作为维护职工合法权益的群众组织，应该密切联系职工，关心职工的生活，主动维护职工的权益。在用人单位安排劳动者超过法定时间加班时，工会可以要求其改正违法行为，或者向用人单位所在地的县级或者设区的市级劳动保障行政部门举报，从而更好地维护劳动者的休息休假权，保证其身心健康。

自测小题

判断：用人单位可以自行决定让劳动者加班。(　　)①

① 解答：错误。

员工春节期间加班工资如何计算？

案例实录

春节前玩具厂接到一笔大订单，厂领导与全体员工协商，让每个员工都加班。从车间主任到普通员工，每个人都尽心尽力地工作，终于在元宵节前完成了订单任务。员工们提出他们都没有回家和家人团聚，玩具厂应该支付给他们春节期间的加班工资。员工的说法有道理吗？

律师分析

所谓加班，根据《劳动法》有关规定，一般是指用人单位由于生产经营需要，经与工会和劳动者协商后，安排劳动者在法定工作时间以外工作。由于加班是员工超出正常工作时间，在原本应该休息的时间进行的工作，为了保护员工的休息权，国家对加班进行了严格的限制。一般每日不得超过 1 小时；特殊原因情况下每日不得超过 3 小时，且每月累计不得超过 36 小时。需要注意的是，加班是建立在用人单位与劳动者协商一致的基础上的，用人单位不得强迫员工加班，员工也无权单方面决定加班。该玩具厂为完成订单，经厂领导与全体员工协商，全员加班，建立在合法的基础上，玩具厂应该为员工的劳动付出支付加班工资。我国《劳动法》等相关法律法规规定，法定休假日安排劳动者工作的，支付不低于工资的 300% 的工资报酬。春节放假 3 天，包括正月初一、初二、初三，春节 3 天的工资应当为基本工资的 3 倍。法律规定休息日安排劳动者工作又不能安排补休的，支付不低于工资的200%的工资报酬。玩具厂应当按原工资的3倍向员工支付春节假3天的加班工资。3天之外的时间，则应安排补休，否则应按法律标准支付加班报酬。

法条链接

《中华人民共和国劳动法》

第四十四条　有下列情形之一的，用人单位应当按照下列标准支付高于劳动者正常工作时间工资的工资报酬：

（一）安排劳动者延长工作时间的，支付不低于工资的百分之一百五十的工资报酬；

（二）休息日安排劳动者工作又不能安排补休的，支付不低于工资的百分之二百的工资报酬；

（三）法定休假日安排劳动者工作的，支付不低于工资的百分之三百的工资报酬。

温馨提示

用人单位在休息日安排劳动者延长工作时间的，应当首先安排补休；不能安排补休的，则应支付不低于工资的200%的工资报酬。用人单位安排劳动者在法定休假日延长工作时间的，应支付不低于工资的300%的工资报酬。法律作出如此强制性规定，是为了明确加班工资的支付，从而更好地维护劳动者的合法权益。

自测小题

选择：小黄日工资为300元。他5月1日加班1天，公司应当

支付多少加班工资？（　）①

A. 900 元

B. 600 元

C. 300 元

D. 400 元

实行不定时工作制的劳动者就没有加班费吗？

案例实录

左某是某公司的销售员，在签订劳动合同时双方就明确规定实行不定时工作制。2020 年国庆节期间，左某被公司安排外出推销，但在当月发工资时，公司却没有支付加班费。左某询问原因，公司告知“因其工种的特殊性，实行不定时工作制，所以没有加班费”。左某不服，提起劳动仲裁。那么，左某能否要求加班费呢？

律师分析

不定时工作制是不以标准工时制度作息的工作制度，企业以合理确定劳动者的劳动定额或其他考核标准来确定劳动者的工作时间和休息时间。如本案中左某作为销售人员，企业就可以实行不定时工作制。根据《劳动法》的一般规定，劳动者加班加点就应当得到加班费，但是根据《工资支付暂行规定》第十三条第四款可知，经批准实行不定时工作制的劳动者，企业可以不执行支

① 解答：A。

付加班工资报酬的规定。因此，本案中左某与公司在签订劳动合同时就明确约定实行不定时工作制，因而不能要求公司支付加班费。

法条链接

《关于企业实行不定时工作制和综合计算工时工作制的审批办法》

第四条 企业对符合下列条件之一的职工，可以实行不定时工作制。

（一）企业中的高级管理人员、外勤人员、销售人员、部分值班人员和其他因工作无法按标准工作时间衡量的职工；

……

《关于贯彻执行〈中华人民共和国劳动法〉若干问题的意见》

67. 经批准实行不定时工作制的职工，不受劳动法第四十一条规定的日延长工作时间标准和月延长工作时间标准的限制，但用人单位应采用弹性工作时间等适当的工作和休息方式，确保职工的休息休假权利和生产、工作任务的完成。

《工资支付暂行规定》

第十三条第四款 实行不定时工时制度的劳动者，不执行上述规定。

温馨提示

企业实行不定时工作制必须报批相关的劳动部门进行审核，只有在得到劳动部门的核准备案后才可以实行不定时工作制度，并且规定的不定时工作制企业应根据标准工时制度合理确定劳动者的劳动定额或其他考核标准。总体来说，在保障职工身体健康并充分听取职工意见的基础上，采用集中工作、集中休息、轮休调休、弹性工时等适当方式，确保职工的休息休假权利和生产、工作任务的完成。

自测小题

判断：某企业为了达到节约支出的目的，可以自行与业务员约定不定时工作制。(　)①

新员工工作半年可以带薪休年假吗？

案例实录

某贸易公司人员流动很大，为了稳定人员，公司出台了一些相应的措施，比如给老员工发放福利，老员工可以享受年休假，还可以每年外出旅游一次等。小张是新员工，他工作很用心，也很有成效，公司陈总对他非常满意。春节前，小张向陈总提出，自己工作了大半年，因为一直很努力，感觉有些累，而且家里的父母年龄也大了，希望自己能趁春节回家多陪陪他们。所以，希望能利用年休假在家多待几天。陈总告诉小张，因其刚工作半年，不能享受年休假，如果他坚持要休假，只能按事假计算，公司将扣除小张当月的奖金。那么，工作半年的新员工，能否享受年休假呢？

---

① 解答：错误。

律师分析

年休假是指员工每年享受的连续休假期间，在年休假期间用人单位工资照付，休假的时间一般由用人单位根据自己的具体情况而定。我国《职工带薪年休假条例》对职工休年假的相关内容有明确规定。职工累计工作已满 1 年不满 10 年的，年休假 5 天；已满 10 年不满 20 年的，年休假 10 天；已满 20 年的，年休假 15 天。用人单位在具体执行时，可以根据员工的资历、岗位等做不同的调整，以防止个别岗位全员休假无人上班。我国《劳动法》对员工可休年假的最低工作时限的规定是：国家实行带薪年休假制度。劳动者连续工作 1 年以上的，享受带薪年休假。小张所在贸易公司的老员工可以休年假，小张刚到公司半年，不符合法律规定的连续工作 1 年以上的要求，不能带薪休年假。

法条链接

《中华人民共和国劳动法》

第四十五条　国家实行带薪年休假制度。

劳动者连续工作一年以上的，享受带薪年休假。具体办法由国务院规定。

《职工带薪年休假条例》

第二条　机关、团体、企业、事业单位、民办非企业单位、有雇工的个体工商户等单位的职工连续工作 1 年以上的，享受带薪年休假（以下简称年休假）。单位应当保证职工享受年休假。职工在年休假期间享受与正常工作期间相同的工资收入。

第三条　职工累计工作已满 1 年不满 10 年的，年休假 5 天；

已满 10 年不满 20 年的，年休假 10 天；已满 20 年的，年休假 15 天。

国家法定休假日、休息日不计入年休假的假期。

温馨提示

虽然国家强制性规定了年休假制度，但确实有部分职工因工作需要不能休年休假。为了保障职工的权益，法律规定职工因工作原因未能享受年休假的，单位除正常支付工资收入外，还要支付相应的补偿。即单位确因工作需要不能安排职工休年休假的，经职工本人同意，可以不安排职工休年休假。对职工应休未休的年休假天数，单位应当按照该职工日工资收入的 300% 支付年休假工资报酬。

自测小题

判断：小杨在公司工作了 2 年，可以依法享有年休假 5 天。(　)①

① 解答：正确。

第四章

劳动安全和保护

企业安全设施不达标准，员工受伤怎么办？

案例实录

去年9月，杨某到梁某的私营家具厂上班，工资每月3500元。虽然该企业经济效益还不错，但厂里劳动环境很差，到处堆满了杂物，而且上夜班时厂里的照明设备不良，职工出入很不方便。为此，职工们多次找老板反映，希望此问题能及时得到解决，但厂方未予理会。今年年初，杨某下夜班后被堆放在过道上的木材绊倒摔伤，住院治疗一个星期，花去医疗费近5000元。伤好后杨某要求享受工伤保险待遇，却遭到厂方拒绝。那么，杨某该如何维权呢？

律师分析

根据《工伤保险条例》第十四条第（一）项的规定，在工作时间和工作场所内，因工作原因受到事故伤害的应认定为工伤。职工因工负伤，用人单位应承担给付工伤保险待遇的责任。本案中，杨某是在厂区内并且是在下夜班时受伤，符合法律规定，应被认定为工伤。所以，在本案中，厂方应当为杨某向当地的社会保险部门申请进行工伤认定。如果厂方拒不申请，杨某可以自行申请工伤认定，必要时，还可以通过劳动仲裁、诉讼等途径进行维权。

法条链接

《工伤保险条例》

第十四条　职工有下列情形之一的，应当认定为工伤：

（一）在工作时间和工作场所内，因工作原因受到事故伤害的；

（二）工作时间前后在工作场所内，从事与工作有关的预备性或者收尾性工作受到事故伤害的；

……

《中华人民共和国劳动法》

第五十二条　用人单位必须建立、健全劳动安全卫生制度，严格执行国家劳动安全卫生规程和标准，对劳动者进行劳动安全卫生教育，防止劳动过程中的事故，减少职业危害。

温馨提示

在我国，各行各业都需要遵守劳动安全技术规程。对于工厂来说，最重要的就是为职工提供一个切实有安全保障的工作环境。如果用人单位劳动安全卫生设施和劳动卫生条件不符合国家规定，可以处以5万元以下的罚款；情节严重的，提请县级以上人民政府责令停产整顿。

自测小题

判断：小明在工作期间不慎摔倒受伤，属于工伤。(　　)①

① 解答：正确。

用人单位可以不提供劳动保护用品吗？

案例实录

马某与某漆料生产厂家签订了为期2年的劳动合同，工资每月5000元，马某负责漆料的调配。在工作过程中，马某感觉各种漆料散发的气味对自己的身体有损伤，所以要求厂家提供必要的防护设施。厂方告诉马某，厂里一直以来都是这样操作的，也从来没有人因此受到损伤。如果马某认为不安全，可以辞职，或者自己配备防护措施。那么，厂方的做法是否合法呢？

律师分析

我国《劳动法》第五十四条明确规定用人单位必须为劳动者提供符合国家规定的劳动安全卫生条件和必要的劳动防护用品，这是法律对用人单位的硬性规定。本案中，马某已经明显感觉到漆料散发的气味对自己产生不利影响，要求厂方采取防护措施，马某的要求是合理合法的。为确保劳动者的身体健康，用人单位应当根据不同的工作环境为劳动者发放劳动保护用品，这是厂方应对工作者尽的法定义务。所以，漆料厂必须为马某提供必要的安全防护措施，保护其人身和生命财产安全。

法条链接

《中华人民共和国劳动法》

第五十四条　用人单位必须为劳动者提供符合国家规定的劳动安全卫生条件和必要的劳动防护用品，对从事有职业危害作业的劳动者应当定期进行健康检查。

温馨提示

现实中，一些私人工厂或相对较小的厂家，为了节省开支，置法律规定于不顾，给劳动者和社会造成了很大的安全隐患，对此，法律也作出了相关处罚规定，因用人单位未向劳动者提供必要的劳动防护用品和劳动保护设施的，县级以上各级人民政府劳动行政部门应责令改正，并可处以5000元以下罚款。同时，如果因此给劳动者造成人身损害，劳动者除可以依法享受工伤保险待遇外，还可以要求用人单位承担侵权赔偿责任。

自测小题

填空：用人单位对从事________①作业的劳动者应当定期进行体检。

生产任务重，女职工的产假可以减少吗？

案例实录

小丽是某公司女职工，结婚3年后小丽怀孕了，一家人都欣喜地盼望新生命的到来。快到生产的时候，公司给小丽放了产假，小丽提前15天就回家待产了。在小丽的孩子刚满月的时候，公司通知她回公司上班，因为公司接了一个大订单，而她是公司的技术能手。小丽舍不得儿子，而且身体还没有完全恢复，她不想回公司上班。公司负责人对她说，现在生产任务重，她的产假少休点，以

① 解答：有职业危害。

后工作不忙的时候再给她放假。那么，小丽的产假可以减少吗？

律师分析

产假是指在职妇女产期前后的休假待遇。《女职工劳动保护特别规定》第七条规定，女职工生育享受98天产假，其中产前可以休假15天；难产的，增加产假15天；生育多胞胎的，每多生育1个婴儿，增加产假15天。女职工怀孕未满4个月流产的，享受15天产假；怀孕满4个月流产的，享受42天产假。女性的产假不能因任何原因而减少。小丽所在的公司因其生产任务重，要求减少小丽的产假，并提出以后工作不忙的时候再给其放假，这是侵害妇女权利的行为，应严格禁止。

法条链接

《中华人民共和国劳动法》

第六十二条　女职工生育享受不少于九十天的产假。

《女职工劳动保护特别规定》

第七条　女职工生育享受98天产假，其中产前可以休假15天；难产的，增加产假15天；生育多胞胎的，每多生育1个婴儿，增加产假15天。

女职工怀孕未满4个月流产的，享受15天产假；怀孕满4个月流产的，享受42天产假。

温馨提示

产期保护是指女职工在生育期间的保护。女职工在产期内，享受一定时期的生育假和生育待遇。女职工在产假期间，用人单位应当照发原工资。职工个人不缴纳生育保险费，在生育期间享受生育保险待遇。

自测小题

选择：公司下列哪些行为是违反法律规定的？（　）①

A. 只给女职工小张 60 天的产假

B. 不为员工提供劳动保护用品

C. 安排加班的员工补休

D. 聘用不满 14 岁的小李

企业有义务对员工进行职业培训吗？

案例实录

某电子公司十分重视对员工的职业培训，经常出资培训员工。按照公司惯例，员工在上岗之前，公司安排其接受为期 3 个月的技术培训，工作中的后期培训会更多。员工胡某进入公司后，经常参加公司组织的职业培训，其表示培训使他学到了不少的知识。在经济不景气的大气候下，公司的资金开始紧张，公司组织的职业培训也越来越少，胡某提出公司还是应该举办职业培训，员工在学习和实践中才会进步。公司总经理表示，公司没有义务对员工进行免费培训，培训费用很高，以前公司效益好可以承担，现在经济不景气，公司不再对员工进行职业培训。请问企业有义务对员工进行培训吗？

---

① 解答：ABD。

律师分析

职业培训是以提高素质和职业能力为目的的教育和训练活动，无论是对于提高单位效益，还是提高劳动者个人素质，职业培训都是非常必要的。我国《劳动法》规定，劳动者在用人单位有接受职业培训的权利，也有提高职业技能的责任。同时还规定：用人单位应当建立职业培训制度，按照国家规定提取和使用职业培训经费，根据本单位实际，有计划地对劳动者进行职业培训。电子公司以前对员工进行培训，是符合法律规定的，后来因为经济不景气而停止对员工的培训是错误的。电子公司可以根据自己的情况相应地减少职业培训，但不能不培训，也不是没有义务培训。职业培训对于用人单位和劳动者而言都是有好处的，不仅能提高劳动者的素质，也能提高公司的生产能力、服务水平。

法条链接

《中华人民共和国劳动法》

第六十八条　用人单位应当建立职业培训制度，按照国家规定提取和使用职业培训经费，根据本单位实际，有计划地对劳动者进行职业培训。

从事技术工种的劳动者，上岗前必须经过培训。

温馨提示

对职工进行职业培训，不仅可以提高企业经济效益，也可以提高企业素质，增强企业的市场竞争力。用人单位应主动建立职业培训制度，而不仅仅是把它当作一种被动的义务。

自测小题

判断：小李从事技术工种，上岗前不需要经过培训。（　）[1]

企业需要定期对未成年工进行体检吗？

案例实录

某文化公司招聘了两个小伙子做打字员，经过查看他们的身份证发现，王某只有 17 岁，赵某 18 岁。经过 1 年的工作，两个小伙子的工作表现都不错，公司也允许他们利用业余时间进行文化学习。有人问王某，他未成年就参加工作，会不会对身体有什么损害，王某不知如何回答，对方让王某要求公司对他进行身体检查。公司认为如果要体检就不能只针对王某 1 个人，公司里的人都要体检，费用相对较高，因此没有同意王某的提议。企业需要定期对未成年工进行体检吗？

律师分析

年满 16 周岁未满 18 周岁的未成年人，被个人或法人雇用或录用从事一定强度及形式的劳动即为未成年工。未成年工虽然是未成年人但不同于童工，录用未成年工是法律允许的。未成年工以自己的合法劳动获取生存所必需的经济收入，是合法劳动者，其合法权益受到法律的切实保护。用人单位在招用未成年工时应当注意，我国《劳动法》对未成年工的特殊保护，即“用人单位

---

① 解答：错误。

应当对未成年工定期进行健康检查”。本案中，该文化公司应当针对王某这样的未成年工定期进行体检，文化公司提出的公司人多，如果对王某体检那么其他员工都要体检，费用相对较高，是没有法律依据的。用人单位需注意招用未成年工应当执行国家在工种、劳动时间、劳动强度和保护措施等方面的规定，不得安排其从事过重、有毒、有害等危害未成年人身心健康的劳动或者危险作业。

法条链接

《中华人民共和国劳动法》

第六十五条　用人单位应当对未成年工定期进行健康检查。

《中华人民共和国未成年人保护法》

第六十一条　任何组织或者个人不得招用未满十六周岁未成年人，国家另有规定的除外。

营业性娱乐场所、酒吧、互联网上网服务营业场所等不适宜未成年人活动的场所不得招用已满十六周岁的未成年人。

招用已满十六周岁未成年人的单位和个人应当执行国家在工种、劳动时间、劳动强度和保护措施等方面的规定，不得安排其从事过重、有毒、有害等危害未成年人身心健康的劳动或者危险作业。

任何组织或者个人不得组织未成年人进行危害其身心健康的表演等活动。经未成年人的父母或者其他监护人同意，未成年人参与演出、节目制作等活动，活动组织方应当根据国家有关规定，保障未成年人合法权益。

温馨提示

未成年工正处于生长发育期，为维护未成年工的合法权益，我国法律规定招用未成年工后，用人单位应切实保护他们的身心健康，促使他们在德、智、体等方面健康成长。

自测小题

填空：用人单位应当对未成年工定期进行________[1]。

俱乐部可以让未成年人做门童吗？

案例实录

一天早上，某俱乐部保安发现门口躺着一个十三四岁的孩子。经过工作人员的照顾，孩子情况好转。原来，他是一名初中生，因为小事和家长闹矛盾，赌气离家出走。因为没钱吃饭，饿倒在俱乐部门前。俱乐部总经理给了他300元路费，让他回家。孩子不肯，一定要报答好心人的救助。总经理看他人也机灵，就让他在门口当几天门童，300元路费就当是工资。孩子高兴地答应了。可站了两天，人社局的工作人员就找上门来，说俱乐部非法雇用童工，罚款2000元。总经理认为自己没有雇用童工，只是为孩子提供一点路费，而且孩子也愿意。难道不能让未成年人做几天门童吗？

律师分析

按照我国法律规定，年满16周岁的人可以参加工作，已满16周岁不满18周岁的人参加工作为未成年工。为了保护未成年

---

① 解答：健康检查。

人的身心健康，保证其正常学习发展，我国严格禁止用人单位招用未满16岁的未成年人。文艺、体育单位可以在经未成年人的父母或者其他监护人同意的前提下，招用不满16周岁的未成年人，成为专业文艺工作者、运动员，但必须遵守国家有关规定，并保障其接受义务教育的权利。即用人单位应当保障被招用的不满16周岁的未成年人的身心健康，为其配备适应未成年人身心发展规律和特点的教育与保护机制，保障其接受义务教育的权利。

本案中，俱乐部属于商业性的娱乐单位，并不是艺术团、少年体校等文化、体育单位，没有招用未成年工的资格。俱乐部总经理给孩子300元路费，让孩子给俱乐部当几天门童，其用心虽然是好的，但从法律上来讲，仍属于变相招用童工，违反了法律的规定，相关部门可以就其情况进行检查、罚款。

法条链接

《中华人民共和国劳动法》

第十五条　禁止用人单位招用未满十六周岁的未成年人。

文艺、体育和特种工艺单位招用未满十六周岁的未成年人，必须遵守国家有关规定，并保障其接受义务教育的权利。

第五十八条第二款　未成年工是指年满十六周岁未满十八周岁的劳动者。

《禁止使用童工规定》

第十三条　文艺、体育单位经未成年人的父母或者其他监护人同意，可以招用不满16周岁的专业文艺工作者、运动员。用人单位应当保障被招用的不满16周岁的未成年人的身心健康，保障其接受义务教育的权利。文艺、体育单位招用不满16周岁的专业文艺工作者、运动员的办法，由国务院劳动保障行政部门会同国务院文化、体育行政部门制定。

学校、其他教育机构以及职业培训机构按照国家有关规定组织不满16周岁的未成年人进行不影响其人身安全和身心健康的教育实践劳动、职业技能培训劳动，不属于使用童工。

温馨提示

所谓变相使用童工，就是单位、组织或者个人不按合法的劳动关系而使用童工。这种使用掩盖在合法的外衣下，但实质上是这些单位、组织或者个人要求不满16周岁的未成年人提供劳动，并且向其支付或者不支付报酬，而以其他的条件作为交换。在本质上，只要单位、组织、个人要求未满16周岁的未成年人参加不属于正常的课内或者家庭范围内或者是公益性质的劳动的，都属于非法使用童工，而不论是否向其支付报酬。

自测小题

判断：无论如何，企业都不能招用未满16周岁的未成年人。(　)①

① 解答：错误。

第五章

社会保险和福利

劳动合同可以约定不为员工缴纳社会保险费吗?

案例实录

李某在劳动力市场找到一份送外卖的工作,当双方准备签订劳动合同时,单位提出要求,必须在劳动合同中明确约定不给李某缴纳社会保险费。李某考虑到工作不好找,能有份工作也就知足了,便同意了该要求,并与用工方签订了劳动合同。那么,单位是否可以用劳动合同的方式约定不为员工缴纳社会保险费呢?

律师分析

劳动者只要与用人单位存在劳动关系,就有权享受相应的保险待遇。我国《宪法》第四十五条第一款明确规定,中华人民共和国公民在年老、疾病或者丧失劳动能力的情况下,有从国家和社会获得物质帮助的权利。国家发展为公民享受这些权利所需要的社会保险、社会救济和医疗卫生事业。而且,国家还通过各项社会保险立法对职工的保险项目、保险待遇标准等内容做了明确规定,使这一宪法权利具体化。社会保险是国家对劳动者履行的社会责任,用人单位和劳动者参加社会保险,缴纳社会保险费,不是以用人单位和劳动者的意愿为条件,而是依法强制参加,且应当依法缴纳规定的社会保险费。所以,本案中,虽然李某与单位约定了不参加社会保险一事，并且在劳动合同中约定了此条款，但这种条款是违法的，不具备法律效力。用人单位应当尽快为他办理社会保险，否则将承担法律责任。

法条链接

《中华人民共和国劳动法》

第七十条　国家发展社会保险事业，建立社会保险制度，设立社会保险基金，使劳动者在年老、患病、工伤、失业、生育等情况下获得帮助和补偿。

第七十二条　社会保险基金按照保险类型确定资金来源，逐步实行社会统筹。用人单位和劳动者必须依法参加社会保险，缴纳社会保险费。

温馨提示

企业不为职工办理社会保险侵犯了劳动者的合法权益，职工可以向劳动监察部门举报，由劳动监察部门进行监督检查和行政处罚；也可以自知道或应当知道权利被侵害之日起 1 年内直接向当地劳动争议仲裁机构申请劳动争议仲裁。

自测小题

判断：小张为了每个月能多拿到一些工资，可以和公司在劳动合同中约定不用缴纳养老保险。（　）①

① 解答：错误。

未签订劳动合同发生工伤事故应向谁索赔？

案例实录

2020年9月，郭某到某市打工。经人介绍，郭某找到一家建筑公司工作，但未与该建筑公司签订劳动合同。10月，郭某在安装脚手架时不慎从脚手架上摔了下来，住院20多天，花费医疗费2万余元。郭某出院后正为医药费发愁时，工友们告诉郭某，可以找建筑公司索赔。郭某满怀希望地找到建筑公司，该公司却以郭某不是正式员工，未与其签订劳动合同为由拒绝赔偿。那么，郭某的医疗费到底应向谁索赔呢？

律师分析

虽然我国《劳动法》规定，劳动合同是用人单位与劳动者之间建立劳动关系，明确双方权利、义务关系的协议，建立劳动关系应当订立劳动合同。但是，未签订劳动合同，并不意味着用人单位与劳动者之间不存在劳动关系。用人单位虽然没有与劳动者签订劳动合同，但劳动者为用人单位提供了劳动，用人单位接受了劳动者提供的劳动并支付了报酬。因此，双方之间形成了事实劳动关系。根据《关于贯彻执行〈中华人民共和国劳动法〉若干问题的意见》第十七条的规定可知，在事实劳动关系中，劳动者在工作过程中负伤、致残、死亡的，仍然应当认定为工伤，享受工伤保险待遇，而不能因为没有签订劳动合同而将其排除在工伤保险制度的保障之外。所以，本案中，建筑公司以郭某没有签订劳动合同为由拒绝为其提供工伤待遇，是没有法律依据的。

法条链接

《中华人民共和国劳动法》

第十六条　劳动合同是劳动者与用人单位确立劳动关系、明确双方权利和义务的协议。

建立劳动关系应当订立劳动合同。

《关于贯彻执行〈中华人民共和国劳动法〉若干问题的意见》

17. 用人单位与劳动者之间形成了事实劳动关系，而用人单位故意拖延不订立劳动合同，劳动行政部门应予以纠正。用人单位因此给劳动者造成损害的，应按劳动部[①]《违反〈劳动法〉有关劳动合同规定的赔偿办法》（劳部发〔1995〕223号）的规定进行赔偿。

《工伤保险条例》

第三十条第一款　职工因工作遭受事故伤害或者患职业病进行治疗，享受工伤医疗待遇。

温馨提示

职工在工作时间因工作原因受伤的，应当依法认定为工伤，享受工伤保险待遇。根据法律规定申请工伤认定时，应当提供必要的材料，主要包括：工伤认定申请表、受伤职工与所在单位存在劳动关系的证明材料、医疗诊断证明或者职业病诊断证明书。需要注意的是，无论有无书面劳动合同，只要能够证明劳动关系存在就符合法律关于工伤认定申请的该要件。

① 现为人力资源和社会保障部。

自测小题

选择：用人单位没有和劳动者签订劳动合同，劳动者发生工伤后应该由谁来负责？（　）①

A. 有工伤保险的可以享受工伤保险待遇

B. 没有工伤保险的，医药费、误工费等费用由用人单位来承担

C. 因没有劳动合同，劳动者只能自行承担工伤风险

D. 以上都不正确

试用期间发生意外是否属于工伤？

案例实录

范某到某机械公司应聘，公司与他签订了1年期的劳动合同，2个月的试用期，试用期间工资每月2800元。范某到公司工作后，觉得该公司很有发展前途，一心想在里面好好干，多学技能。试用期的第2个月，范某在安装调试机器时，机器突然倒塌，范某被压在下面，公司立即将其送到附近的医院进行抢救。虽经治疗，范某还是被确定为“下身压缩性骨折，左小腿挫裂伤”。虽然范某与公司有劳动合同，但是他还在试用期，公司还没有给他缴纳社会保险费。公司总经理说，范某是为公司干活受伤的，就是工伤，一切治疗费用都由公司承担。试用期间发生意外属于工伤吗？

---

① 解答：AB。

律师分析

工伤，是指劳动者在从事职业活动或者与职业活动有关的活动时所遭受的事故伤害和职业病伤害。《关于贯彻执行〈中华人民共和国劳动法〉若干问题的意见》规定，中国境内的企业、个体经济组织与劳动者之间，只要形成劳动关系，即劳动者事实上已成为企业、个体经济组织的成员，并为其提供有偿劳动，适用劳动法。说明只要成立事实上的劳动关系，就受《劳动法》的约束。我国《工伤保险条例》规定，与用人单位存在劳动关系包括事实劳动关系的各种用工形式、各种用工期限的劳动者，都是工伤的劳动主体。本案中，范某在试用期意外受伤，他是在为公司安装调试机器时，机器倒塌受伤的，应当认定为工伤。公司在事故的第一时间将范某送到附近的医院进行抢救治疗，并决定范某治疗期间的一切费用由公司承担是符合法律规定的，也是负责任的表现，是保障职工安全的正确举措。

法条链接

《关于贯彻执行〈中华人民共和国劳动法〉若干问题的意见》

2. 中国境内的企业、个体经济组织与劳动者之间，只要形成劳动关系，即劳动者事实上已成为企业、个体经济组织的成员，并为其提供有偿劳动，适用劳动法。

《工伤保险条例》

第四条　用人单位应当将参加工伤保险的有关情况在本单位内公示。

用人单位和职工应当遵守有关安全生产和职业病防治的法律

法规，执行安全卫生规程和标准，预防工伤事故发生，避免和减少职业病危害。

职工发生工伤时，用人单位应当采取措施使工伤职工得到及时救治。

第十四条　职工有下列情形之一的，应当认定为工伤：

（一）在工作时间和工作场所内，因工作原因受到事故伤害的；

……

温馨提示

我国工伤保险实行3个原则：（1）无过错责任原则。在各种工伤事故中只要不是受害者本人故意行为所致，就应该按照规定标准对其进行伤害赔偿；（2）个人不缴费原则。工伤保险费由企业或雇主缴纳，劳动者个人不缴纳；（3）因工伤残与非因工伤残区别对待，在待遇上有所区别。即劳动者因工伤残是劳动者个人在工作中付出的代价，应规定较高的待遇，其社会保险待遇属于损失补偿性质。非因工伤残，不是为社会劳动所付出的代价，保险待遇应适当低一些，属于物质帮助的范畴。

自测小题

判断：小杨刚刚上班第一天就不小心受伤了。公司应当为其向当地的社会保险部门申请工伤保险待遇。（　）①

① 解答：正确。

员工违规操作致伤，是否属于工伤？

案例实录

2019年6月，王某入职某机械厂，双方即日签订了劳动合同。合同签订后，机械厂为王某依法缴纳了工伤医疗保险费。2020年7月，在工作期间，王某不慎将右手大拇指切掉，机械厂将其送往医院救治。王某出院后，经工伤等级鉴定为7级伤残。机械厂通知王某不用上班了，因其无法胜任原来的工作。王某认为双方的劳动合同还未履行完毕，而且自己受伤也是因为工作，属于工伤，不同意解除劳动关系。而厂方则认为王某处于学徒阶段，厂方并未安排其操作机器，王某是私自操作才引发事故的，该工伤的发生完全是由于其违反劳动管理制度造成的，厂方不应该承担责任。那么，私自操作机器致伤，能否算工伤呢？

律师分析

《工伤保险条例》第十四条规定职工在工作时间和工作场所内，因工作原因受到事故伤害的，应当认定为工伤。本案中，王某是在工作时间和工作场所内，因工作原因受到伤害的，符合《工伤保险条例》的规定，其受伤行为属于工伤认定的情形。至于王某违反公司规章制度违法操作的行为，是否属于工伤，我国实行的工伤赔偿原则是无过错原则，即不论用人单位在主观上是否有过错，发生工伤时都应该承担相应的法律责任，不因劳动者违反操作规程而免除用人单位的工伤赔偿责任。所以，本案中王某虽然违反了机械厂的规章制度违规操作，其不存在《工伤保险条例》第十六条所规定的不得认定为工伤或者视同工伤的三种情形，应被认定为工伤。

法条链接

《工伤保险条例》

第十四条　职工有下列情形之一的，应当认定为工伤：

（一）在工作时间和工作场所内，因工作原因受到事故伤害的；

……

第十五条　职工有下列情形之一的，视同工伤：

（一）在工作时间和工作岗位，突发疾病死亡或者在48小时之内经抢救无效死亡的；

……

第十六条　职工符合本条例第十四条、第十五条的规定，但是有下列情形之一的，不得认定为工伤或者视同工伤：

（一）故意犯罪的；

（二）醉酒或者吸毒的；

（三）自残或者自杀的。

温馨提示

我国工伤保险实行无过失责任原则，即在各种工伤事故中，只要不是受害者本人故意行为所致，就应该按照规定标准对其进行伤害赔偿。只要事故发生，不论雇主是否存在过错，无论责任在谁，原则上，受害者都应该获得赔偿，即无过错赔偿原则。但是，无过错责任原则不适用于职工因犯罪或违法、自杀或自残、斗殴、酗酒、蓄意违章及法律法规规定的其他情形造成的负伤、致残、死亡，发生这些情况，不应认定为工伤。

自测小题

判断：小赵因为喝醉酒而违规操作机器致使自己受伤，属于工伤。(　)①

因工受伤可以既享受工伤保险待遇又报销医疗保险吗?

案例实录

李某是某瓷砖厂的一名工人，在该厂已经工作了5年，业务很熟练。一天，李某在生产车间指导学徒工作时，不慎被机器轧伤左手，致使左手9级伤残。该厂在李某受伤后对其进行了积极的救治，并且按照规定，为李某办理了工伤保险赔偿，其住院期间花费的手术费、护理费等都由工伤保险基金予以支付。后来，李某听说厂里职工生病后可以通过职工基本医疗保险报销费用，李某就想让该厂再给报销一部分费用。那么，李某的请求合法吗?

律师分析

根据我国《社会保险法》第三十条第一款的规定，下列医疗费用不纳入基本医疗保险基金支付范围：(1) 应当从工伤保险基金中支付的……此外，根据《社会保险法》第三十八条的规定，

① 解答：错误。

因工伤发生的下列费用，按照国家规定从工伤保险基金中支付：（1）治疗工伤的医疗费用和康复费用；（2）住院伙食补助费；（3）到统筹地区以外就医的交通食宿费；（4）安装配置伤残辅助器具所需费用；（5）生活不能自理的，经劳动能力鉴定委员会确认的生活护理费；（6）一次性伤残补助金和1级至4级伤残职工按月领取的伤残津贴……因此李某的请求是不会得到批准的。

法条链接

《中华人民共和国社会保险法》

第三十条第一款　下列医疗费用不纳入基本医疗保险基金支付范围：

（一）应当从工伤保险基金中支付的；

（二）应当由第三人负担的；

（三）应当由公共卫生负担的；

（四）在境外就医的。

第三十八条　因工伤发生的下列费用，按照国家规定从工伤保险基金中支付：

（一）治疗工伤的医疗费用和康复费用；

（二）住院伙食补助费；

（三）到统筹地区以外就医的交通食宿费；

（四）安装配置伤残辅助器具所需费用；

（五）生活不能自理的，经劳动能力鉴定委员会确认的生活护理费；

……

温馨提示

《社会保险法》第三十条第一款具体规定了基本医疗保险基金的支付范围。基本医疗保险基金是国家为保障职工的基本医疗，由医疗保险经办机构依法向用人单位和个人筹集的用于职工基本医疗保险的专项基金。依法应当从工伤保险基金中支付的，或者应当由第三人、公共卫生负担的，不能再包含在基本医疗保险基金中，否则会构成重复享有。

自测小题

选择：杨先生因工受伤后，以下哪些费用从工伤保险基金中支付？(　　)[1]

A. 医疗费用

B. 伙食补助费

C. 生活护理费

D. 伤残辅助器具费

企业能否把员工的社会保险折合成现金发放？

案例实录

某产品代理公司只有8名员工，老板认为办理社保太麻烦，就与员工商量，把社保里应该由公司负担的部分折合成现金，每个月与工资一起发给员工。如果有员工要想办理社保，可以去申

① 解答：ABCD。

请缴纳自由职业的社保。那么，企业能把员工的社会保险折合成现金实发放吗？

律师分析

社会保险是为保障职工在丧失劳动能力和失业时的基本生活而设立的一种保障制度。它是在劳动者退休、生病医疗、失业期间所享受的一种国家规定的福利待遇，属于职工在特殊情况下的一种权益保障。职工和单位都有按国家规定缴纳社会保险费的义务，如果没按规定缴纳各项社会保险费用，必然影响职工能否领取养老金、能否享受医疗保险待遇，其他如失业、生育、工伤保险待遇等也会相应受到损害。社保统筹费用涉及国家、企业、个人三方的权益，企业不能将其折合成现金支付给员工。本案中，该代理公司也没有告知员工工资中的哪一部分属于社保费用，有故意侵犯员工合法权益之嫌，通过这种方式来逃避缴费义务不仅是不诚信的，而且是违法的。

法条链接

《中华人民共和国劳动法》

第七十条　国家发展社会保险事业，建立社会保险制度，设立社会保险基金，使劳动者在年老、患病、工伤、失业、生育等情况下获得帮助和补偿。

第七十二条　社会保险基金按照保险类型确定资金来源，逐步实行社会统筹。用人单位和劳动者必须依法参加社会保险，缴纳社会保险费。

《中华人民共和国劳动合同法》

第三十八条　用人单位有下列情形之一的，劳动者可以解除劳动合同：

……

（三）未依法为劳动者缴纳社会保险费的；

……

温馨提示

社会保险是一项法定的、要求劳动者及其用人单位强制参加的社会保障制度。这是国家对劳动者履行的社会责任，也是劳动者应享受的基本权利。用人单位不得以任何借口为由，拒绝履行为劳动者缴纳社会保险费的法定义务。

自测小题

判断：征得员工同意后，公司可以不为员工缴纳医疗和养老保险费，而可以相应提高员工的工资。（　）①

员工酒后驾车出车祸产生的医疗费应从工伤保险中支付吗？

案例实录

刘某是某物业公司的班车司机，工作5年来，他一直表现很好。一天下午，刘某将员工都送回家后，在回家途中，与一辆大卡车迎面撞上，刘某受重伤。后经交通部门鉴定，刘某系酒后驾车，负事故的全部责任。物业公司经理去医院看望刘某，并告诉刘某，因其酒后驾车，负事故的全部责任，因此，医疗费要他自

① 解答：错误。

己承担，无法从工伤保险中支付。刘某认为自己是在下班回家的过程中发生车祸，应按工伤处理。那么，刘某的医疗费到底该如何支付？

律师分析

依照我国《道路交通安全法》的规定，车辆驾驶人员饮酒后不准驾驶车辆。但是在实际生活中，有的人因为种种借口和原因，而置自己和他人的生命财产于不顾，会酒后驾车甚至是醉酒驾车。我国《工伤保险条例》规定，职工醉酒导致的伤亡不能认定为工伤，也不能视作工伤。刘某作为物业公司多年的老司机，应当明白不能酒后驾车。他因为酒后驾车发生事故而受伤，依法不能享受工伤保险待遇，其产生的医疗费用应当由自己承担。

法条链接

《工伤保险条例》

第十六条　职工符合本条例第十四条、第十五条的规定，但是有下列情形之一的，不得认定为工伤或者视同工伤：

（一）故意犯罪的；

（二）醉酒或者吸毒的；

（三）自残或者自杀的。

温馨提示

司机在交通事故中受伤认定为工伤，必须同时满足以下 4 个条件：（1）司机与用人单位之间存在劳动关系，包括事实劳动关系；（2）存在身体受到伤害的事实，这种伤害仅限于负伤、伤残或死亡等物质性的人身权遭受的伤害；（3）受到的伤害必须是在与工作范围相关的工作过程中或者与工作关系有关的情形下发生的；（4）司机的行为不构成故意罪，而且不是司机自杀、酗酒原因造成的。

自测小题

判断：在工作中受伤了，不应当认定为工伤的情形为（　）[①]

A. 老李是一个库管员，发现有人盗窃货物，在追击小偷的过程中摔伤

B. 老王是一个瘾君子，工作期间，毒瘾发作不慎跌落脚手架摔伤

C. 老张痛失爱妻，工作期间故意跳楼自杀

D. 老赵上班玩手机，不慎操作机器失误致使双腿受伤

拒绝治疗的工伤员工，可以停止其工伤保险待遇吗？

案例实录

黄某是某旅行社的导游，在一次带团旅游的时候，旅行车发生车祸，黄某为保护旅行团人员，导致右腿粉碎性骨折，被认定为工伤。在住院治疗期间，黄某的女朋友得知黄某以后可能再也站不起来，提出与黄某分手。在经过两次手术后，黄某拒绝治疗，认为他就算治好了也不能站起来了，一辈子借助拐杖，那样的生活真是生不如死。经过医生劝导，黄某仍然不愿意接受治疗，旅

① 解答：BC。

行社提议停止其工伤保险待遇。那么，工伤职工拒绝治疗的，单位可以停止其工伤保险待遇吗？

律师分析

黄某在工作时间内发生车祸，主动帮助他人，保护旅行团人员，因而负伤，依法应当认定为工伤。我国《工伤保险条例》规定，工伤职工拒绝治疗的，可以停止享受工伤保险待遇。黄某不接受治疗，其所在旅行社可以提议停止其工伤保险待遇。但是黄某拒绝治疗可能只是一时情绪问题，企业领导应该在了解、劝说的前提下帮助黄某治疗，尽最大的可能使其恢复健康，而不是简单地停止工伤保险待遇。

法条链接

《工伤保险条例》

第四十二条　工伤职工有下列情形之一的，停止享受工伤保险待遇：

（一）丧失享受待遇条件的；

（二）拒不接受劳动能力鉴定的；

（三）拒绝治疗的。

温馨提示

根据《工伤保险条例》有关规定，对于拒绝治疗的工伤职工，企业可以停止其享受工伤保险待遇。但对于工作期间尽职尽责的劳动者，企业应当全面考虑问题，努力帮助受伤者接受治疗。

自测小题

选择：在以下哪些情况下，工伤的员工应暂停享受工伤保险待遇？（　）[①]

A. 丧失享受待遇条件的

B. 拒不接受劳动能力鉴定的

C. 拒绝治疗的

D. 员工被辞退的

负交通事故全责，就不能被认定为工伤吗？

案例实录

田某是某公司的司机，与单位签订了劳动合同。公司在国庆节假期组织员工集体外出旅游，由田某开车，途中发生交通事故，造成田某和4名员工受伤。交警部门出具的交通事故认定书认定田某负事故全部责任。事故发生后，劳动部门认为田某负交通事故全部责任，所以不能认定其构成工伤。公司据此不支付田某的治疗费。那么，负交通事故全责，就不能被认定为工伤吗？

律师分析

《工伤保险条例》规定，职工因工外出期间，由于工作原因受到伤害或者发生事故下落不明的，应当认定为工伤。田某在该交通事故中虽然负全部责任，但他作为单位司机驾驶车辆外

① 解答：ABC。

出旅游，是在执行职务时发生交通事故而受伤。田某受伤和他的职务工作分不开，所以依法应认定为工伤，其交通责任并不影响工伤的认定。田某如果对劳动部门的认定结论不服，可以依法申请行政复议；对复议决定不服的，可以依法提起行政诉讼。田某所在的公司也应当给其报销医疗费用，以帮助其快速恢复健康。

法条链接

《工伤保险条例》

第十四条　职工有下列情形之一的，应当认定为工伤：

（一）在工作时间和工作场所内，因工作原因受到事故伤害的；

（二）工作时间前后在工作场所内，从事与工作有关的预备性或者收尾性工作受到事故伤害的；

（三）在工作时间和工作场所内，因履行工作职责受到暴力等意外伤害的；

……

（五）因工外出期间，由于工作原因受到伤害或者发生事故下落不明的；

（六）在上下班途中，受到非本人主要责任的交通事故或者城市轨道交通、客运轮渡、火车事故伤害的；

……

温馨提示

劳动者在单位工作、劳动，必然形成劳动者与用人单位之间相互的劳动关系，在劳动过程中，用人单位除负责劳动者工资待遇外，如果不幸发生事故，造成劳动者伤残、死亡或患职业病，劳动者就自然具有享受工伤保险的权利。劳动者的这种权利是由我国《宪法》和《劳动法》以法律的形式提供的保障，保障工伤者及其亲属享受工伤保险待遇。

自测小题

判断：孙先生在上下班途中发生交通事故，虽然他负主要责任，但仍应认定为工伤。(　)①

经济效益不好的单位如何缴存住房公积金?

案例实录

某公司今年订单越来越少，经济效益每况愈下。公司有员工四五百人，全都按照正规程序缴存社会保险。由于今年每位员工的住房公积金的提取比例都较高，公司实在承担不了。所以公司总经理决定，对员工的住房公积金实行暂停缴纳，等以后经济好了再缴纳。公司员工极为不满，认为这是公司克扣员工福利，要将其告到人民法院。那么，经济效益不好的单位应当如何缴存住房公积金呢?

律师分析

住房公积金是单位及其在职职工缴存的长期住房储金，是住

① 解答：错误。

房分配货币化、社会化和法制化的主要形式。住房公积金制度是国家法律规定的重要的住房社会保障制度，具有强制性、互助性、保障性。根据我国《住房公积金管理条例》的规定，该公司应当通过职工代表大会或者工会讨论通过，并经住房公积金管理中心审核，报住房公积金管理委员会批准后，降低缴存比例或者缓缴。仅仅由总经理决定暂停缴纳住房公积金是不符合法律规定的。在实践中企业要注意，一旦经营状况改善或具备为职工缴存住房公积金的条件，就应当提高缴存比例或者补缴缓缴。

法条链接

《住房公积金管理条例》

第二十条　单位应当按时、足额缴存住房公积金，不得逾期缴存或者少缴。

对缴存住房公积金确有困难的单位，经本单位职工代表大会或者工会讨论通过，并经住房公积金管理中心审核，报住房公积金管理委员会批准后，可以降低缴存比例或者缓缴；待单位经济效益好转后，再提高缴存比例或者补缴缓缴。

温馨提示

单位和职工个人必须依法履行缴存住房公积金的义务。这里的单位包括国家机关、国有企业、城镇集体企业、外商投资企业、城镇私营企业及其他城镇企业、事业单位、社会团体、社会服务机构。单位为职工缴存的住房公积金以及职工个人缴存的住房公积金，实行专户存储，归职工个人所有。

自测小题

判断：公司可以自行决定缓缴员工的住房公积金。(　)①

员工跳槽到外省工作，之前所缴纳的养老保险费怎么办？

案例实录

王某大学毕业后，就留在了南方某省会城市工作。由于技术水平过硬，为人也很诚实，王某在公司很受重用，公司给他的待遇也很优厚，于是王某打算在当地定居生活。然而，天有不测风云，王某的父亲突然病故，王某需要回家照顾年迈的母亲。但是，王某担心回家工作后，之前在该省缴纳的养老保险费会作废。那么，职工跳槽到外省工作后，之前所缴纳的养老保险费该如何处理呢？

律师分析

根据我国《社会保险法》第十九条的规定，基本养老保险关系是随本人转移的，也就是人到哪里，社保关系就跟到哪里。像本案中王某这种情况难免会发生，现在的年轻人会因为各种原因跳槽，甚至在不同地区之间来回变动工作，那么他们因为变动工作之前缴纳的养老保险就不算数了吗？答案是否定的。只要王某按照规定办理好手续就可以将养老保险连续起来。各地区都会有相关的文件规定，一般参保人员跨省流动就业的，由原参保所在

① 解答：错误。

地社会保险经办机构开具参保缴费凭证，其基本养老保险关系应随同转移到新参保地。达到基本养老保险待遇领取条件的，其在各地的参保缴费年限合并计算，个人账户储存额（含本息，下同）累计计算。未达到待遇领取年龄前，不得终止基本养老保险关系并办理退保手续。

法条链接

《中华人民共和国社会保险法》

第十九条　个人跨统筹地区就业的，其基本养老保险关系随本人转移，缴费年限累计计算。个人达到法定退休年龄时，基本养老金分段计算、统一支付。具体办法由国务院规定。

温馨提示

《社会保险法》第十九条是关于职工个人养老保险跨地区统筹的规定。我国逐步实行国家统筹社会养老保险制度，无论职工在何处，工作关系发生了怎样的转移，其个人的基本养老保险关系都随本人转移，其缴费年限也会累计计算。而当个人退休时，其个人的基本养老保险金会分段计算，最后由当地社保机构统一支付。

自测小题

填空：小周在 A 市工作 2 年后，去了男朋友所在的 B 市工作，那么，其养老保险的缴纳年限________计算。[①]

---

① 解答：累计。

单位没有为员工缴纳基本医疗保险，员工生病后的医疗费由谁承担?

案例实录

孙某在一家科技公司工作，由于公司规模非常小，资金有限，公司就把职工的医疗保险费都偷偷扣下，所有职工都没有参加医疗保险。去年8月，孙某因病住院，才发现单位没有为其缴纳医疗保险，但也只能先治病。后孙某在医院住院时间长达1个多月，所花的医药费近1万元。那么，孙某花的医药费应当由谁承担呢?

律师分析

孙某可以向公司主张赔偿因患病治疗的医疗费。《社会保险法》第二十三条第一款规定，用人单位及其职工必须参加基本医疗保险，这是由医疗保险的强制性决定的。由于用人单位的原因致使职工不能参加基本医疗保险的，致使职工患病无法享有基本医疗保险待遇的，应由用人单位承担赔偿基本医疗保险规定的应由基本医疗保险基金支付的医疗费用的责任。因此，由于公司的原因致使孙某无法参加基本医疗保险，所花的医疗费无法从基本医疗保险基金报销的，孙某可以向公司主张赔偿因患病治疗的医疗费。

法条链接

《中华人民共和国社会保险法》

第二十三条第一款　职工应当参加职工基本医疗保险，由用人单位和职工按照国家规定共同缴纳基本医疗保险费。

温馨提示

医疗保险是国家为保障职工生命健康，当职工无力承担医疗费等费用时给予的基本医疗保障，具有一定的强制性，用人单位和职工都必须参加。我国职工的基本医疗保险费由用人单位和职工双方共同负担，因用人单位违法未给职工参保造成职工经济损失的，用人单位应当承担赔偿责任。

自测小题

判断：经劳动者同意，公司可以不为劳动者缴纳基本医疗保险，而可以用商业医疗保险替代。(　　)①

工伤保险费能由员工个人缴纳吗?

案例实录

张某高中毕业后到当地一家建筑装饰公司工作，并与该公司签订了为期3年的劳动合同，合同约定，张某每个月基本工资为2600元，但公司每个月要扣除100元作为张某的工伤保险。张某之前并未缴纳任何保险，也不知道工伤保险费应当由谁缴纳，于是与该公司签订了合同。工作后张某才了解到，工伤保险应该由公司为职工办理，不需要职工自己出钱。那么，工伤保险费能由职工个人缴纳吗？

---

① 解答：错误。

律师分析

工伤保险费应由用人单位缴纳，该公司的做法是错误的，其应当返还所扣的张某用于工伤保险的工资。工伤保险是为了化解用人单位工伤风险而设计的一种制度。我国法律规定，用人单位必须为职工缴纳工伤保险费。这是法律的强制性规定，用人单位不得以劳动合同排除。因此，本案中公司必须退还张某用于缴纳工伤保险费的工资。

法条链接

《工伤保险条例》

第十条第一款　用人单位应当按时缴纳工伤保险费。职工个人不缴纳工伤保险费。

《中华人民共和国社会保险法》

第三十三条　职工应当参加工伤保险，由用人单位缴纳工伤保险费，职工不缴纳工伤保险费。

温馨提示

工伤保险是为化解职工因工伤所遭受的风险而设计的，应当由用人单位缴纳。法律明确规定职工本人不缴纳工伤保险费，用人单位不能将自己的法定义务转嫁到处于弱势的劳动者身上。劳动者遇到此种情况时，应当拿起法律武器维护自身的合法权益。

自测小题

选择：小史刚到某公司工作，应当由谁为小史缴纳工伤保险

费？（ ）①

A. 小史

B. 公司

C. 小史和公司共同缴纳

D. 无须缴纳

我国法律对失业保险费的缴纳是如何规定的？

案例实录

龚某从小就对数字非常敏感，大学就报考了某财经大学的会计专业。毕业后，龚某如愿以偿地进入了某知名企业的财务部，成了一名财务专员。然而，龚某经过1个月的培训，正式走上工作岗位后，才得知该财务部还有很多分部门，负责公司不同的财务工作。根据公司人事部的安排，龚某在财务部主要负责员工社会保险的征缴工作。龚某接手的第一个任务就是为员工办理失业保险，但龚某目前还不清楚，对于失业保险费的缴纳，我国法律是如何规定的？

律师分析

根据我国法律规定，该公司应当缴纳的失业保险费为该公司工资总额的2%，职工应缴纳本人工资的1%。缴纳失业保险费是国家通过立法强制实行的，由社会集中建立基金，对因失业而暂

---

① 解答：B。

时中断生活来源的劳动者提供物质帮助的制度。失业保险由职工和单位共同缴纳。《失业保险条例》第六条规定："城镇企业事业单位按照本单位工资总额的百分之二缴纳失业保险费。城镇企业事业单位职工按照本人工资的百分之一缴纳失业保险费。城镇企业事业单位招用的农民合同制工人本人不缴纳失业保险费。"因此，在本案中该知名企业应按本公司工资总额的2%缴纳失业保险费，而职工只需按照自己工资总额的1%缴纳即可。

法条链接

《失业保险条例》

第六条　城镇企业事业单位按照本单位工资总额的百分之二缴纳失业保险费。城镇企业事业单位职工按照本人工资的百分之一缴纳失业保险费。城镇企业事业单位招用的农民合同制工人本人不缴纳失业保险费。

温馨提示

失业保险制度旨在保障失业人员在失业期间的基本生活，其费用由用人单位和职工共同承担，但二者的承担比例不相同。用人单位按照本单位工资总额的2%，单位职工按照本人工资的1%缴纳失业保险费。需要注意的是，如果用人单位招用的是农民合同制工人，那么仅由用人单位承担，而职工本人不缴纳失业保险费。

自测小题

判断：失业保险由用人单位缴纳，员工自己无须缴纳。（　）①

① 解答：错误。

女职工因生育引起其他疾病的医疗费能否由生育保险基金支付?

案例实录

勒某是某网络公司职工，其在该单位已经工作了3年多。今年春天，勒某生下了一名男婴。在坐月子期间，勒某因营养不良，引发了其他疾病，花费近万元费用。本来因为生育勒某已花费了不少钱，现在又额外支出了这笔费用，对于只是普通职工的勒某一家产生了不小的压力。勒某想知道，自己的疾病是因生育引起的，那么，由此产生的费用是否可以由生育保险基金来支付呢?

律师分析

只要勒某能证明疾病是因生育引起的，医疗费用就由生育保险基金支付。《企业职工生育保险试行办法》第六条第二款规定："女职工生育出院后，因生育引起疾病的医疗费，由生育保险基金支付；其它疾病的医疗费，按照医疗保险待遇的规定办理。女职工产假期满后，因病需要休息治疗的，按照有关病假待遇和医疗保险待遇规定办理。"另外，《社会保险法》第五十五条规定，生育医疗费用包括生育的医疗费用，计划生育的医疗费用，法律、法规规定的其他项目费用。所以勒某只要能证明疾病是因生育引起的，医疗费用就应当由生育保险基金支付。

法条链接

《中华人民共和国社会保险法》

第五十五条　生育医疗费用包括下列各项：

（一）生育的医疗费用；

（二）计划生育的医疗费用；

（三）法律、法规规定的其他项目费用。

《企业职工生育保险试行办法》

第六条第二款　女职工生育出院后，因生育引起疾病的医疗费，由生育保险基金支付；其它疾病的医疗费，按照医疗保险待遇的规定办理。女职工产假期满后，因病需要休息治疗的，按照有关病假待遇和医疗保险待遇规定办理。

温馨提示

为了维护女性职工的生育权，减少和解决女职工在孕期前后因生理原因造成的误工、医疗等费用，使她们在生育期间得到必要的经济补助和医疗照顾，我国法律明确规定职工要参加生育保险。而职工的生育医疗费主要包括生育医疗费用、计划生育的医疗费用和其他法定项目费用。

自测小题

选择：以下哪些费用应当属于生育保险待遇？（　）①

A. 生育津贴

B. 生育的医疗费用

C. 计划生育的医疗费用

D. 怀孕期间摔倒产生的医疗费

① 解答：ABC。

企业迟延缴纳社保产生的滞纳金可以让职工承担吗?

案例实录

宋某是一家印刷厂的新员工，刚进厂不久就听厂里的老员工说，该厂已经有半年多没有为职工缴纳社会保险费了。宋某找到该厂的人事科，工作人员以工厂效益不好，发工资都成问题为由拒绝了宋某的请求。过了没多久，宋某就听说该厂收到了当地社保部门的迟延缴费通知单，不但要求补缴职工的社保费，还加收了一大笔滞纳金。宋某暗自高兴，但该厂发了一个通知，要求职工本人承担应缴纳的滞纳金，否则就扣发本月工资。宋某想知道，该厂可以让职工承担滞纳金吗?

律师分析

根据《社会保险费申报缴纳管理规定》第十一条第二款的规定，用人单位未按时足额代缴的，社会保险经办机构应当责令其限期缴纳，并自欠缴之日起按日加收0.5‰的滞纳金。用人单位不得要求职工承担滞纳金。由此我们可以知道，该单位无论因何种原因缺乏资金，都不应欠缴职工的社保费，因迟延缴纳社保费，依法应缴纳滞纳金的，不得要求自己的员工负担。该单位如果以扣发职工工资的形式收取滞纳金，必须将其如数归还给每一个职工。

法条链接

《社会保险费申报缴纳管理规定》

第十一条第二款　用人单位未按时足额代缴的，社会保险经办机构应当责令其限期缴纳，并自欠缴之日起按日加收0.5‰的滞纳金。用人单位不得要求职工承担滞纳金。

温馨提示

实践中，存在用人单位将其应当缴纳的滞纳金转嫁给职工的现象，因此，法律特别规定，用人单位应当缴纳的滞纳金不得要求职工承担。如果用人单位违反法律规定侵害职工的该项权利，职工可以通过法律途径维护自身权益。

自测小题

判断：公司不能让员工承担欠缴社保费用的滞纳金。(　)①

员工有权要求单位公开社会保险费缴纳明细吗?

案例实录

李某是当地一家纺织厂的老职工，再有1年多就该退休了。虽然单位一直给李某缴纳社会保险费，但李某并不清楚自己缴纳了哪些费用，缴纳之后会得到哪些好处，自己退休后能享受哪些待遇。临近退休的李某非常想知道这些内容，但是他到单位人事科问了几次也没有得到结果。请问职工有权要求用人单位公开社会保险费的明细情况吗?

律师分析

根据《社会保险费申报缴纳管理规定》第十四条的规定，用

① 解答：正确。

人单位应当按月将缴纳社会保险费的明细情况告知职工本人。用人单位应当每年向本单位职工代表大会通报或者在本单位住所的显著位置公布本单位全年社会保险费缴纳情况，接受职工监督。既然李某从来不知道自己的社会保险费明细情况，现在又非常想弄明白，就应该积极向催要单位寻求说法。不将缴纳社会保险费的明细情况告知职工本人，这就是单位的错误。同时，根据《社会保险费申报缴纳管理规定》第三十一条的规定，李某如果没有向单位催要到自己的社会保险费缴纳明细情况，可以向社会保险行政部门举报、投诉自己的单位，积极维护自己的合法权益。另外，如果单位未按照规定通报、公布本单位全年社会保险费缴纳情况，李某也可以向社会保险行政部门举报、投诉。

法条链接

《社会保险费申报缴纳管理规定》

第十四条　用人单位应当按月将缴纳社会保险费的明细情况告知职工本人。

用人单位应当每年向本单位职工代表大会通报或者在本单位住所的显著位置公布本单位全年社会保险费缴纳情况，接受职工监督。

第三十一条　用人单位未按月将代扣代缴社会保险费明细情况告知职工本人，或者未按照规定通报、公布本单位全年社会保险费缴纳情况的，职工有权向社会保险行政部门举报、投诉。

温馨提示

职工有权知道自己的社会保险费明细，而单位也应当主动公布本单位全年社会保险费的缴纳情况，使员工明白自己的社会保险费用缴纳情况和缴纳详情。如果用人单位违反法律规定未将该情况告知职工本人，或者未公布单位全年社保费缴纳情况，职工可以向当地社保行政部门举报、投诉。

自测小题

选择：如果用人单位没有主动告知小韩的社会保险费用明细，小韩可以怎么办？（ ）①

A. 向当地的社会保险部门投诉

B. 向当地的社会保险部门举报

C. 向劳动仲裁委员会申请仲裁

D. 向当地法院起诉

① 解答：AB。

第六章

劳动合同解除

员工上班时间私聊微信，经批评教育仍不改正的，公司可以将其解聘吗？

案例实录

某公司主要经营国际贸易，员工几乎都是无纸化办公，每天都是通过电话、电脑联系工作。公司的工作规章中明确规定："工作期间，公司员工一律不能用微信、QQ 等即时聊天工具私聊。"员工也都遵守这一规定。有一天，业务部汪主任发现，业务员陈某工作期间用微信与他人聊天。汪主任训斥了陈某，陈某表示会改正，可是第二天公司总经理又发现陈某用微信聊天，后来又多次发现陈某有违规行为，经很多次批评教育仍不改正，并对完成常规工作造成了很大影响，于是总经理决定解聘陈某。那么，像陈某这样在上班时间用微信私聊且多次不改正的员工，公司可以将其解聘吗？

律师分析

对劳动者来说，利用单位设备做与本职工作无关的事情，这种行为是不可取的。一般来说，员工偶尔使用聊天工具进行私人聊天，只是轻微违纪，即使单位的规章制度规定"一次网聊私事即解除劳动合同"，但这对于员工而言惩处力度过大，也难以被人所接受。但是员工多次违反公司规定网聊，并经指出后拒不改正，就加重了违纪情节。对于一些严重违反公序良俗、法律底线，破坏正常工作秩序的行为，比如员工上网聊天时大量传输淫秽图片等，即使规章制度中未将此列入应当解聘的行为，用人单位据此解除劳动关系，也有可能会得到法律的支持。陈某所在的公司明确把员工网聊列为应当解除劳动合同的行为，陈某也明知这一规定，并先后多次违反，经批评教育仍不改正，所以陈某所在的公司可以依法解除劳动合同。

法条链接

《中华人民共和国劳动合同法》

第三十九条　劳动者有下列情形之一的，用人单位可以解除劳动合同：

……

（二）严重违反用人单位的规章制度的；

……

温馨提示

用人单位有权依法制定规章制度，但规章制度除具备合法性与程序性要件外，必须具有合理性。用人单位应当采用通常可以被员工接受的标准，避免出现任意制定的、不合理的规章制度，而使规章制度偏向于保护用人单位的利益或损害劳动者的合法权益。规章制度的合理性，是其发生纠纷时能够被审判机关采纳作为判案依据的前提之一。不然，若规章制度在诉讼过程中被审判机关否决，可能造成单位被判决支付赔偿金等不利后果。

自测小题

判断：钱先生将门店卖的饮水机私自拿回家使用，严重违反了公司的规章制度，公司可以单方面解除劳动合同。（　）①

用人单位可以根据规章制度变更劳动合同吗？

案例实录

2019年7月，刘某与某公司签订了为期2年的劳动合同，岗位为责任编辑，月薪4000元。2020年7月，公司任命刘某为编辑部主任，月薪6000元。双方签订了劳动合同，合同中约定：公司根据企业发展、机构变动和工作需要，可以随时变动刘某的工作岗位。半年后，公司发现刘某不擅长管理，于是，在未与其协商的情况下，根据公司规章制度将其岗位变更为责任编辑。刘某不服从调动，公司以刘某严重违反公司规定为由解除了与他的劳动关系。那么，公司可以根据规章制度任意变更劳动合同吗？

律师分析

根据《劳动合同法》的规定，订立劳动合同，应当遵循合法、公平、平等自愿、协商一致、诚实信用的原则，劳动合同中应载明工作内容和工作时间，如果要变更合同内容，用人单位应与劳动者协商一致，而且应当采用书面形式。本案中，某公司在没有与刘某协商的情况下就单方面通知刘某工作岗位变更，属于单方

① 解答：正确。

面变更劳动合同的行为，显然违反了公平原则，损害了劳动者的合法权益。因此，公司在劳动合同和规章制度中约定的条款应当认定为无效，对劳动者不应具有约束力。所以，公司解除与刘某的劳动合同的决定是错误的，应予以撤销。

法条链接

《中华人民共和国劳动合同法》

第三条第一款　订立劳动合同，应当遵循合法、公平、平等自愿、协商一致、诚实信用的原则。

第十七条　劳动合同应当具备以下条款：

……

（四）工作内容和工作地点；

……

第三十五条第一款　用人单位与劳动者协商一致，可以变更劳动合同约定的内容。变更劳动合同，应当采用书面形式。

温馨提示

劳动者的工作岗位直接关系到劳动者的工作环境、经济收入等，工作岗位属于劳动合同中的重要组成部分，岗位的变动属于劳动合同的重大变更。当双方签订的合同所依据的客观条件发生变化，或者企业转产、重大技术革新，或者经营方式调整、无法履行劳动合同时，经当事人协商一致可以变更合同的内容，包括变更工作岗位。若双方不能就变更劳动合同达成协议，则用人单位可以解除劳动合同，但应当依照国家有关规定给予经济补偿。因此，变更劳动合同需要双方协商一致，并且采用书面形式。

自测小题

选择：小琪和公司签订的劳动合同应当包含以下哪些条款？（　）①

A. 工作时间　　B. 社会保险

C. 工作地点　　D. 工资

拒绝接受工作安排的劳动者，公司可以将其解聘吗？

案例实录

袁某是某制衣厂的工人，她到公司将近2年了，一直在成衣车间工作。一天，袁某在家中做家务时，不小心将腰摔伤，住院1个月才回到厂里上班。回到工作岗位以后，袁某总觉得腰痛，工作一会儿就需要休息。原来她摔伤了腰，留下了后遗症，不能长时间站立。厂里根据袁某的情况，安排其到库房从事仓库管理工作。袁某觉得成衣车间工资高，工作也有具体的时间，仓库管理天天灰头土脸，工资低还需要上夜班，便拒绝到库房工作。厂领导提出如果袁某拒绝到库房工作，公司将解聘袁某。那么，劳动者拒绝接受工作安排，公司可以将其解聘吗？

律师分析

袁某在制衣厂的成衣车间工作，属于技术活、体力活。她在非工负伤痊愈后，体能下降，不能从事成衣工作，制衣厂领导让

① 解答：ABCD。

其到库房从事管理工作，就是照顾她的表现。但是袁某认为库房工作收入低，还要加夜班，拒绝从事库房工作。依据我国《劳动合同法》第四十条的规定，劳动者患病或者非因工负伤，在规定的医疗期满后不能从事原工作，也不能从事由用人单位另行安排的工作的，用人单位提前30日以书面形式通知劳动者本人或者额外支付劳动者1个月工资后，可以解除劳动合同。制衣厂在袁某拒绝到库房工作后，可以根据法律程序将其解聘。

法条链接

《中华人民共和国劳动合同法》

第四十条　有下列情形之一的，用人单位提前三十日以书面形式通知劳动者本人或者额外支付劳动者一个月工资后，可以解除劳动合同：

（一）劳动者患病或者非因工负伤，在规定的医疗期满后不能从事原工作，也不能从事由用人单位另行安排的工作的；

……

温馨提示

劳动者患病或者非因工负伤，在规定的医疗期满后应当及时回到工作岗位工作。但是一个人在患病或负伤以后，即使康复了，但体能、技能等已经不如以前，有的人就不能从事原工作，尤其是一些技术活、体力活，更会出现这样的情况。劳动者出现这样的情况，用人单位应当根据劳动者的具体情况对其进行劳动岗位的变更，使其最大限度地发挥才能。

自测小题

判断：王小姐生病痊愈后不能胜任自己以前的工作，也拒绝

了公司提供的其他岗位，那么公司可以以提前30天通知王小姐的方式解除劳动合同。(　)①

员工利用公司秘密牟取私利，公司可以立即解聘他吗？

案例实录

刘某是某房地产中介公司的员工，该房地产中介公司在本地因为收费合理、服务周到，三四年后积累了大量的客户。刘某在公司工作了2年，手里有一定的客户资料，这些客户资料详细地反映了客户的居住地、工作单位、收入情况，属于公司的商业秘密。房地产中介公司有严格规定，不能泄露或不正当使用这些商业秘密。刘某的表弟方某应聘进入一家礼品公司，需要开拓自己的业务空间，刘某将自己手里的客户资料以每条1元的价格卖给方某。方某掌握资料后就给房地产公司的客户打电话，给客户带来严重的不利影响。公司因几个客户反映情况，并退房、退租才得知实情。公司决定解聘刘某，并让其赔偿损失。刘某利用公司秘密牟取私利，公司可以立即解聘他吗？

律师分析

劳动者在用人单位的工作岗位上，应当做好本职工作。很多工作岗位掌握着公司、企业的商业秘密，劳动者更应珍视这些商业秘密，不能因为利益的诱惑就失去原则，像刘某一样将手里的商业

① 解答：正确。

秘密变为自己的私利。我国《劳动合同法》规定，劳动者严重失职，营私舞弊，给用人单位造成重大损害的，用人单位可以解除劳动合同。另外，《劳动合同法》和《劳动法》都规定，劳动者违反保密事项，对用人单位造成经济损失的，应当依法承担赔偿责任。刘某将公司的商业秘密私自出卖给他人，并造成几个客户退房、退租的后果，给公司带来了经济损失。刘某应当在解除与公司的劳动合同的同时，赔偿公司的损失，具体数额由双方协商确定。

法条链接

《中华人民共和国劳动合同法》

第三十九条　劳动者有下列情形之一的，用人单位可以解除劳动合同：

……

（三）严重失职，营私舞弊，给用人单位造成重大损害的；

……

第九十条　劳动者违反本法规定解除劳动合同，或者违反劳动合同中约定的保密义务或者竞业限制，给用人单位造成损失的，应当承担赔偿责任。

《中华人民共和国劳动法》

第一百零二条　劳动者违反本法规定的条件解除劳动合同或者违反劳动合同中约定的保密事项，对用人单位造成经济损失的，应当依法承担赔偿责任。

温馨提示

劳动者侵害用人单位的商业秘密要承担法律责任需具备 3 个

要件：（1）违反劳动合同中的保密义务；（2）违反保密义务给用人单位造成了损失；（3）劳动者的泄露行为与用人单位的损失存在因果关系。这 3 个要件是劳动者承担责任的必备条件，缺一不可。

自测小题

判断：江先生出卖客户信息被公司开除了，公司有权要求江先生赔偿损失。(　)①

总经理可以要求员工当场离职吗？

案例实录

某棉纺公司受经济不利因素的影响，生产经营发生了严重困难，董事长会同总经理商议公司裁减人员，以减轻公司负担，帮助企业渡过难关。裁减方案规定，凡是 2018 年以后进公司工作的职工除了具有中级以上职称的，一律裁减，被裁减人员按工作年限支付经济补偿。公司领导希望被裁减的职工给予理解，并承诺单位经营状况一旦好转，只要原职工愿意回来，保证全部优先录用。公司公布方案的第二天，总经理让会计对符合裁减资格的人进行工资结算后，要求他们当天离职。公司人员提出，公司没有权利要求他们当场离职，应该和工会协商以后再让他们离开。总经理可以要求员工当场离职吗？

---

① 解答：正确。

律师分析

关于公司是否可以因为生产经营状况发生严重困难就裁减人员，我国《劳动法》第二十七条第一款规定："用人单位濒临破产进行法定整顿期间或者生产经营状况发生严重困难，确需裁减人员的，应当提前三十日向工会或者全体职工说明情况，听取工会或者职工的意见，经向劳动行政部门报告后，可以裁减人员。"该棉纺公司连年亏损，发生严重困难。如果按照以往的方式经营下去，可能有倒闭的危险，为了摆脱目前的危机，可以依法裁减人员。那么，该棉纺公司总经理可以在作出裁减方案后让员工当场离职吗？按照法律规定，用人单位裁减人员时必须经过必要的程序：（1）用人单位在决定裁员时，应当提前30日向工会或全体职工说明情况，听取工会或职工的意见；（2）用人单位裁减人员必须向劳动行政部门报告。这样规定是为了保证职工的利益，保证被裁减职工有思想准备，并及时找新工作。该公司既没有和工会进行协商，也没有向劳动行政部门报告人员裁减方案，在程序上是错误的。

用人单位要注意，由以上原因裁减员工应当优先留用与本单位订立较长期限的固定期限劳动合同的员工；与本单位订立无固定期限劳动合同的员工；家庭无其他就业人员，有需要扶养的老人或者未成年人的人员。在6个月内录用人员的，应当优先录用被裁减的人员。

法条链接

《中华人民共和国劳动法》

第二十七条　用人单位濒临破产进行法定整顿期间或者生产

经营状况发生严重困难，确需裁减人员的，应当提前三十日向工会或者全体职工说明情况，听取工会或者职工的意见，经向劳动行政部门报告后，可以裁减人员。

用人单位依据本条规定裁减人员，在六个月内录用人员的，应当优先录用被裁减的人员。

《中华人民共和国劳动合同法》

第四十一条　有下列情形之一，需要裁减人员二十人以上或者裁减不足二十人但占企业职工总数百分之十以上的，用人单位提前三十日向工会或者全体职工说明情况，听取工会或者职工的意见后，裁减人员方案经向劳动行政部门报告，可以裁减人员：

（一）依照企业破产法规定进行重整的；

（二）生产经营发生严重困难的；

……

裁减人员时，应当优先留用下列人员：

（一）与本单位订立较长期限的固定期限劳动合同的；

（二）与本单位订立无固定期限劳动合同的；

（三）家庭无其他就业人员，有需要扶养的老人或者未成年人的。

用人单位依照本条第一款规定裁减人员，在六个月内重新招用人员的，应当通知被裁减的人员，并在同等条件下优先招用被裁减的人员。

温馨提示

我国法律对于用人单位裁员在法律程序和裁员顺序上都有明确的规定，用人单位要严格按照法定程序进行裁员工作。法律保护劳动者的合法利益不受损害。不能仅凭某个领导的一句话，就当场解除劳动合同。

自测小题

判断：公司生产经营发生严重困难时，可以不通知工会直接辞退员工。(　)①

上班路上出车祸导致无法正常工作，可以将其解聘吗?

案例实录

某玩具厂工人卢某每天步行上班，从未迟到。2020 年 7 月，天下着小雨，卢某按时出门上班，走到路口的人行横道上时，一辆货车撞向了他。卢某被送到医院救治。经过一段时期的治疗，卢某出院了，但丧失了劳动能力，无法胜任以前的工作。玩具厂的领导认为卢某丧失了工作能力，决定将其解聘。那么，在这种情况下，玩具厂可以解聘卢某吗?

律师分析

卢某在上班路上出车祸，导致其丧失工作能力，依照我国《工伤保险条例》第十四条的规定，职工在上下班途中，受到非本人主要责任的机动车事故伤害的，应当认定为工伤。所以，卢某所受的伤害应当认定为工伤，卢某依法享受工伤保险待遇。卢某经过一段时间的治疗后，不能胜任以前的工作，玩具厂要根据卢某的具体情况安排他可以胜任的工作，而不是简单地将其解聘。我国《劳动合同法》和《劳动法》都规定，在本单位患职业病或

① 解答：错误。

者因工负伤并被确认丧失或者部分丧失劳动能力的，用人单位不得解除其劳动合同。现实中，用人单位对患职业病或者因工负伤并被确认丧失或者部分丧失劳动能力的劳动者，通常会将其安排到劳动强度不大、工作稍轻松的工作岗位，如门卫、收发室等。

法条链接

《中华人民共和国劳动合同法》

第四十二条　劳动者有下列情形之一的，用人单位不得依照本法第四十条、第四十一条的规定解除劳动合同：

……

（二）在本单位患职业病或者因工负伤并被确认丧失或者部分丧失劳动能力的；

……

《中华人民共和国劳动法》

第二十九条　劳动者有下列情形之一的，用人单位不得依据本法第二十六条、第二十七条的规定解除劳动合同：

（一）患职业病或者因工负伤并被确认丧失或者部分丧失劳动能力的；

……

《工伤保险条例》

第十四条　职工有下列情形之一的，应当认定为工伤：

……

（六）在上下班途中，受到非本人主要责任的交通事故或者城市轨道交通、客运轮渡、火车事故伤害的；

……

温馨提示

《劳动合同法》对用人单位依法解除劳动合同的情形作出了例外的限制规定，这是法律出于保护劳动者的合法权益作出的限制。其中因工负伤是指因工作中遭受事故伤害的情形。这种情况下，如果允许用人单位单方面解除劳动合同，会加重这部分劳动者的医疗负担，使之生活更加困难，所以此时法律要求用人单位不能解除劳动合同。

自测小题

选择：孙先生在工作期间受伤，痊愈后无法适应以前岗位的要求，公司的哪些做法是错误的？（ ）①

A. 公司解除和孙先生的劳动合同

B. 公司为孙先生调岗

C. 公司不为孙先生申请工伤认定

D. 公司将孙先生辞退

“末位淘汰制”能成为公司解雇员工的合法理由吗？

案例实录

某房地产公司售楼处对售楼人员实行“售楼人员末位淘汰制”，规定每个月售楼部的售楼人员对业绩进行统计排名，排名最后者自动被淘汰，公司与其解除劳动合同。经过1个月的业绩比拼，售楼人员方某只售出两套楼房，远远落后于其他售楼人员，公司决定与方某解除劳动合同。方某工作已经尽了全力，认为公

① 解答：ACD。

司利用“末位淘汰制”与员工解除劳动合同不合法，不同意解除合同。“末位淘汰制”能成为公司解雇员工的合法理由吗？

律师分析

我国《劳动法》第四条规定：“用人单位应当依法建立和完善规章制度，保障劳动者享有劳动权利和履行劳动义务。”法律允许并要求企业制定自己的规章制度，但制定的规章制度必须合法，不仅要规范劳动者履行劳动的义务，更要保障劳动者享有的权利。该房地产公司制定的“售楼人员末位淘汰制”，就其制度内容来看，不管售楼人员表现如何，只要经统计其业绩是最后一名，就要被淘汰，解除与其的劳动合同。“末位淘汰制”员工只是业绩比他人差，并没有给用人单位造成经济损失，也没有不服从用人单位的人员安排，没有解除劳动合同的合法理由。该房地产公司规定的“末位淘汰制”不在法律规定的可解除劳动合同的法定范围之内，是没有法律依据的，应属无效。方某可以不同意因此解除与其的劳动合同，也可以和房地产公司协商，要求对方继续履行劳动合同，如果协商不成，可以向劳动争议仲裁委员会申请仲裁，要求房地产公司改正这一不合法的规章制度条款，并继续履行劳动合同。用人单位在制定内部规章制度时，一定要了解法律条款，把握公平原则，只有这样制定出来的制度才合法有效，能促进企业长久发展。

法条链接

《中华人民共和国劳动法》

第四条　用人单位应当依法建立和完善规章制度，保障劳动者享有劳动权利和履行劳动义务。

《中华人民共和国劳动合同法》

第三十九条　劳动者有下列情形之一的，用人单位可以解除劳动合同：

（一）在试用期间被证明不符合录用条件的；

（二）严重违反用人单位的规章制度的；

（三）严重失职，营私舞弊，给用人单位造成重大损害的；

（四）劳动者同时与其他用人单位建立劳动关系，对完成本单位的工作任务造成严重影响，或者经用人单位提出，拒不改正的；

（五）因本法第二十六条第一款第一项规定的情形致使劳动合同无效的；

（六）被依法追究刑事责任的。

温馨提示

用人单位不能以自己制定的各种规章制度为由解雇员工。对于用人单位建立的“只用于员工履行义务，而侵害其合法权利”的任何制度规定，劳动者都可以寻求法律的救济。

自测小题

判断：兰小姐上个月在公司的业绩最差，公司有权解除和她的劳动合同。（　）①

依单位规章解雇员工还要给予其经济补偿吗?

案例实录

范某是某信息科技公司的项目经理，在与公司签订的劳动合

① 解答：错误。

同中约定，如果严重违反公司规章制度，公司可以立即解除劳动合同，并列明了公司的规章制度。去年 6 月，范某接到公司的辞退通知，理由是范某违反了公司的规章制度，至少 3 次对客户不礼貌，严重影响了公司声誉，并对公司造成了一定的经济损失。范某认为公司辞退他没有正当理由，如果公司单方面解除劳动合同应当支付违约金，并提前 30 日通知。那么，依单位规章解雇员工是否要支付经济补偿金呢？

律师分析

根据《劳动合同法》第三十九条的规定，劳动者严重违反用人单位规章制度的，用人单位可以解除劳动合同。具体到本案中，范某和公司在劳动合同中约定违反公司规章制度，公司可以解除劳动合同，而范某明知故犯，公司可以根据合同中约定的条款，依照公司规章制度中的要求将其开除。根据《劳动合同法》第四十六条的规定，因严重违反用人单位的规章制度而被开除的不在获得经济补偿之列，不可以获得经济补偿。该公司可以解除与范某的劳动合同，并可以不给予经济补偿。

法条链接

《中华人民共和国劳动合同法》

第三十九条　劳动者有下列情形之一的，用人单位可以解除劳动合同：

……

（二）严重违反用人单位的规章制度的；

……

（六）被依法追究刑事责任的。

第四十六条　有下列情形之一的，用人单位应当向劳动者支付经济补偿：

（一）劳动者依照本法第三十八条规定解除劳动合同的；

（二）用人单位依照本法第三十六条规定向劳动者提出解除劳动合同并与劳动者协商一致解除劳动合同的；

（三）用人单位依照本法第四十条规定解除劳动合同的；

（四）用人单位依照本法第四十一条第一款规定解除劳动合同的；

（五）除用人单位维持或者提高劳动合同约定条件续订劳动合同，劳动者不同意续订的情形外，依照本法第四十四条第一项规定终止固定期限劳动合同的；

（六）依照本法第四十四条第四项、第五项规定终止劳动合同的；

（七）法律、行政法规规定的其他情形。

温馨提示

《劳动合同法》第三十九条规定了过失性辞退，由于劳动者的过错行为，用人单位享有了单方面解除劳动合同的权利，并且不需要提前30日书面通知，也可以不支付经济补偿金。适用该条时应当谨慎，必须仅限于法律规定的6种情形，不得扩大适用范围。

自测小题

判断：小胡长期将公司的车辆归自己家使用，严重违反了

公司的规章制度，公司有权辞退小胡，并且不支付经济补偿金。(　)[①]

医疗期未满，企业可以解除劳动合同吗？

案例实录

王某2019年参加工作，进入某建筑公司。2020年6月，王某因患脑出血住院治疗。1个月后，建筑公司提出王某已经长达1个月不能工作，实际上已经无法履行劳动合同规定的义务，导致劳动合同失去意义，应予以解除。王某不服，认为自己虽然不能工作，但应享受职工患病期间的医疗待遇，根据法律规定，自己应享有至少3个月的医疗期。在此期间，公司不能解除劳动合同。那么，非因工患病，医疗期未满，企业能否解除劳动合同？

律师分析

职工患病不能继续履行劳动合同规定的义务，是否一定导致劳动合同的解除，是一个比较常见的问题。本案中，建筑公司从单纯的民事合同角度出发，认为一方已经无法继续履行义务，合同就应该解除。这种理解忽视了劳动合同的特殊性，与有关法律规定发生了矛盾。《劳动法》第二十九条规定，劳动者患病或者负伤，在规定的医疗期内的，用人单位不得依据本法第二十六条、

① 解答：正确。

第二十七条的规定解除劳动合同。这就是说，职工患病后，在规定的医疗期内是不能解除劳动合同的。

法条链接

《中华人民共和国劳动法》

第二十九条　劳动者有下列情形之一的，用人单位不得依据本法第二十六条、第二十七条的规定解除劳动合同：

（一）患职业病或者因工负伤并被确认丧失或者部分丧失劳动能力的；

（二）患病或者负伤，在规定的医疗期内的；

……

温馨提示

《企业职工患病或非因工负伤医疗期规定》第三条是对医疗期长短的规定："企业职工因患病或非因工负伤，需要停止工作医疗时，根据本人实际参加工作年限和在本单位工作年限，给予三个月到二十四个月的医疗期：（一）实际工作年限十年以下的，在本单位工作年限五年以下的为三个月；五年以上的为六个月。（二）实际工作年限十年以上的，在本单位工作年限五年以下的为六个月；五年以上十年以下的为九个月；十年以上十五年以下的为十二个月；十五年以上二十年以下的为十八个月；二十年以上的为二十四个月。"

自测小题

选择：小江参加工作 10 余年，在现在的公司工作了 6 年，那

么，她生病后医疗期应当为多长时间？（ ）[1]

A. 2个月　　B. 3个月

C. 4个月　　D. 9个月

用人单位能否解聘涉嫌犯罪的劳动者？

案例实录

某电子产品公司工程师蔡某主要负责公司电子产品的研发，他工作5年来一直兢兢业业，深受公司的好评。蔡某工作能力强，但是性格急躁，极易与人发生冲突。一天，蔡某在公司卫生间听到有人在议论他，对他的评价很不公平，蔡某当即火冒三丈，和对方争执了几句并把人打成重伤。公司员工打110报警，公安机关将其带离公司，称其涉嫌故意伤害罪。其后，公司通知他已经解除与他的劳动合同，双方已经不存在劳动关系，蔡某不用再到公司上班了。用人单位能否解聘涉嫌犯罪的劳动者？

律师分析

“涉嫌犯罪”是指有犯某种罪行的嫌疑，实际是否犯罪还要司法机关进行审查后才能确定。涉嫌犯罪阶段，公安机关根据具体情况对“犯罪嫌疑人”进行拘留、取保候审等强制措施。工程师蔡某因涉嫌故意伤害罪，公安机关让其等候处理，说明蔡某只是有犯罪嫌疑，并不能认定他已经犯罪。我国《劳动法》规定，

---

① 解答：D。

劳动者被依法追究刑事责任的，用人单位可以解除劳动合同。《关于贯彻执行〈中华人民共和国劳动法〉若干问题的意见》对“被依法追究刑事责任”的解释是：被人民检察院免予起诉的、被人民法院判处刑罚的、被人民法院依据刑法第三十二条免予刑事处分的。该意见还规定，劳动者涉嫌违法犯罪被有关机关收容审查、拘留或逮捕的，用人单位在劳动者被限制人身自由期间，可与其暂时停止劳动合同的履行。由此可见，劳动者因涉嫌犯罪被限制人身自由期间，用人单位不可解除与其的劳动合同，但是可以停止劳动合同的履行。蔡某在涉嫌犯罪被限制人身自由阶段，其用人单位不得因此解除与其的劳动合同。

法条链接

《中华人民共和国劳动法》

第二十五条　劳动者有下列情形之一的，用人单位可以解除劳动合同：

……

（四）被依法追究刑事责任的。

《关于贯彻执行〈中华人民共和国劳动法〉若干问题的意见》

28. 劳动者涉嫌违法犯罪被有关机关收容审查、拘留或逮捕的，用人单位在劳动者被限制人身自由期间，可与其暂时停止劳动合同的履行。

暂时停止履行劳动合同期间，用人单位不承担劳动合同规定的相应义务。劳动者经证明被错误限制人身自由的，暂时停止履行劳动合同期间劳动者的损失，可由其依据《国家赔偿法》要求有关部门赔偿。

29. 劳动者被依法追究刑事责任的，用人单位可依据劳动法第二十五条解除劳动合同。

“被依法追究刑事责任”是指：被人民检察院免予起诉的、被人民法院判处处罚的、被人民法院依据刑法第三十二条免予刑事处分的。

劳动者被人民法院判处拘役、三年以下有期徒刑缓刑的，用人单位可以解除劳动合同。

温馨提示

劳动者被公安机关、司法机关收容审查、拘留或者逮捕的时候，用人单位不应立即解除与该劳动者的劳动合同。因为劳动者被公安机关收容审查、拘留，或被检察机关批准逮捕的，不意味着该劳动者就是罪犯，有可能只是涉嫌犯罪的人员，经审查可能不构成犯罪，那么司法机关应当将其无罪释放。如果劳动者回到用人单位，劳动合同已经被解除，就意味着用人单位没有法律依据而解除了劳动合同，是违约行为。这种解除劳动合同的行为无效，还应当承担相应的赔偿责任。

自测小题

判断：杨先生因为虐待罪被判管制，因为管制刑不需要关押，所以公司无权单方面解除与杨先生的劳动合同。(　)①

① 解答：错误。

用人单位能否解聘雇用他人代为劳动的劳动者？

案例实录

某玩具厂在我国改革开放之初成立，经济效益一直很好。这两年订单变少，效益变差，人员流动大。方某是公司的老员工，因为他在厂里工作了12年，公司与他签订了无固定期限劳动合同。但今年方某的收入一日不如一日，他看到很多以前和他一起出来打工的人早就自己做生意当了老板，挣了很多的钱，觉得非常羡慕。方某手里有一定的积蓄，也想自己做生意，但是他又舍不得在玩具厂干了12年的工作。有人给方某出主意，让他请一个人代他到玩具厂上班，他自己就可以天天在外面做生意了。方某如法炮制，效果很不错，他每个月支付完“替身”的工资后，收入是以前在厂里的好几倍。可是世上没有不透风的墙，方某的事被玩具厂的领导知道了，厂里通知他回去上班，如果他不回去上班，厂里就要解除与他的劳动合同。用人单位能否解聘雇用他人代为劳动的劳动者？

律师分析

劳动合同主体特定，一方是劳动者，另一方是用人单位。双方签订劳动合同后，劳动者加入用人单位，成为用人单位的一员，承担一定的工种、岗位或职务，并遵守用人单位的内部规章制度。同时，用人单位及时安排劳动者工作，提供必要的劳动条件，保证劳动者享有合法的劳动权益，按照劳动者提供的劳动数量、质量支付报酬。劳动合同有人身性，劳动合同中约定的权利、义务与劳动合同当事人的人身是不可分离的，除劳动者本人外其他人不可代替其行使权利和履行义务。方某既想做生意，又不想放弃玩具厂的工作，所以雇用他人代替其工作，这种行为是不正确的。我国《劳动法》规定，劳动者严重违反劳动纪律或者用人单位规章制度的，用人单位有权解除劳动合同。玩具厂发现后可以就此解除与方某的劳动合同。但是玩具厂领导在得知实情后，没有立即决定解除与方某的劳动合同，而是希望他回厂里工作，说明事情还有回旋的余地，方某如果不想放弃工作，应当再与领导协商。

法条链接

《中华人民共和国劳动法》

第十六条 劳动合同是劳动者与用人单位确立劳动关系、明确双方权利和义务的协议。

建立劳动关系应当订立劳动合同。

第二十五条 劳动者有下列情形之一的，用人单位可以解除劳动合同：

……

（二）严重违反劳动纪律或者用人单位规章制度的；

……

温馨提示

我国法律不仅保护劳动者的合法权益，也保护用人单位的合法权益。从法律公平性这一特性来看，法律保护劳动者和用人单位双方的利益，双方都应按照劳动合同履行自己的义务。对于劳动者违反劳动纪律或者单位规章的，用人单位有权解除劳动合同。

自测小题

填空：朱小姐怀孕后无法承受现在工作的强度，就雇人代替自己上班，公司有权________。[1]

劳务派遣人员可以单方解除合同吗？

案例实录

钱某应聘到某劳务公司，双方签订了为期 4 年的劳动合同，期限自 2016 年 1 月 1 日至 2019 年 12 月 31 日。合同约定该劳务公司为钱某发放工资并缴纳养老保险。后钱某被外派到某学校食堂，钱某按约履职，但该劳务公司以低于最低工资标准的额度为钱某发放工资，且不为其缴纳社会保险费。2019 年 10 月，钱某以劳务公司不依法缴纳社会保险费且不足额支付工资为由，向其邮寄了《终止劳动关系告知书》，双方劳动关系于当日终止。那么，劳务派遣人员可以单方面解除劳动合同吗？

律师分析

《劳动合同法》第六十条第二款规定：“劳务派遣单位不得克扣用工单位按照劳务派遣协议支付给被派遣劳动者的劳动报酬。”

---

① 解答：单方面解除和朱小姐的劳动合同。

劳务派遣公司不得克扣钱某的劳动报酬。对于劳务派遣单位的恶意克扣行为，《劳动合同法》第三十八条作出了明确规定，用人单位未及时足额支付劳动报酬的，劳动者可以解除劳动合同。据此可知，劳务派遣单位作为用人单位，其出现未及时足额支付劳动报酬的情形时，钱某可以解除劳动合同。

法条链接

《中华人民共和国劳动合同法》

第三十八条第一款　用人单位有下列情形之一的，劳动者可以解除劳动合同：

……

（二）未及时足额支付劳动报酬的；

……

第六十条第二款　劳务派遣单位不得克扣用工单位按照劳务派遣协议支付给被派遣劳动者的劳动报酬。

温馨提示

基于劳务派遣存在三方关系，缺乏必要的法律规制，某些不规范的劳务派遣单位利用便利随意克扣劳动者工资，使被派遣劳动者的权益受到侵犯。我国在立法上对劳务派遣单位作出禁止性规定，不仅保护了劳动者的合法权益，而且维护了社会的公平正义，保障了市场经济健康有序的发展。

自测小题

选择：劳务派遣公司存在以下哪些行为时，小李可以解除劳

动合同？（　）[1]

A. 没有按约定足额支付工资

B. 没有为小李缴纳社保费

C. 以暴力威胁小李工作

D. 胁迫小李签订劳动合同

用人单位违法解除劳动合同，应否支付劳动者赔偿金？

案例实录

赵某与某快餐店签订了为期3年的劳动合同，约定工资为每个月3500元，每日8小时工作制，周末单休。上班1年后，赵某因怀孕需要做检查，经常向快餐店请假。于是，快餐店以赵某不认真工作、无法胜任目前的工作为由辞退了赵某。赵某的朋友李某听说后告诉赵某，在职工怀孕期间，用人单位不得与其解除劳动合同，否则应向其支付一定的赔偿金。那么，用人单位违法解除劳动合同，应当如何支付劳动者赔偿金呢？

律师分析

李某的说法是正确的。用人单位违法解除劳动合同，应当支付劳动者一定的赔偿金。依据《劳动合同法》第四十二条的规定，赵某在孕期，快餐店不能以赵某不能胜任工作而解除合同。另外，根据《劳动合同法》第八十七条的规定，用人单位违反本

---

[1] 解答：ABCD。

法规定解除或者终止劳动合同的，应当依照本法第四十七条规定的经济补偿标准的二倍向劳动者支付赔偿金。本案中，赵某已经工作了 1 年，那么单位应向其支付 1 个月的工资标准的经济补偿数额的两倍，即 1 个月乘以月工资 3500 元，再乘以 2，即 7000 元的经济赔偿金。

法条链接

《中华人民共和国劳动合同法》

第四十二条　劳动者有下列情形之一的，用人单位不得依照本法第四十条、第四十一条的规定解除劳动合同：

……

（四）女职工在孕期、产期、哺乳期的；

……

第四十七条　经济补偿按劳动者在本单位工作的年限，每满一年支付一个月工资的标准向劳动者支付。六个月以上不满一年的，按一年计算；不满六个月的，向劳动者支付半个月工资的经济补偿。

劳动者月工资高于用人单位所在直辖市、设区的市级人民政府公布的本地区上年度职工月平均工资三倍的，向其支付经济补偿的标准按职工月平均工资三倍的数额支付，向其支付经济补偿的年限最高不超过十二年。

本条所称月工资是指劳动者在劳动合同解除或者终止前十二个月的平均工资。

第八十七条　用人单位违反本法规定解除或者终止劳动合同

的，应当依照本法第四十七条规定的经济补偿标准的二倍向劳动者支付赔偿金。

温馨提示

用人单位不得依据《劳动合同法》第 40 条、第 41 条解除劳动合同的情形主要包括：（1）从事接触职业病危害作业的劳动者未进行离岗前职业健康检查，或者疑似职业病病人在诊断或者医学观察期间的；（2）在本单位患职业病或者因工负伤并被确认丧失或者部分丧失劳动能力的；（3）患病或者非因工负伤，在规定的医疗期内的；（4）女职工在孕期、产期、哺乳期的；（5）在本单位连续工作满 15 年，且距法定退休年龄不足 5 年的；（6）法律、行政法规规定的其他情形。当用人单位违法解除劳动合同时，就应当依法按照经济补偿金的两倍向劳动者支付赔偿金。

自测小题

选择：小杨在甲公司工作了 3 年，月工资为 5000 元。小杨意外受伤后还在医疗期时，公司与其解除了劳动合同。那么，公司应当支付多少钱作为赔偿金？（　）①

A. 30000 元

B. 20000 元

C. 10000 元

D. 15000 元

---

① 解答：A。

用人单位监禁职工强迫劳动，需要承担什么责任?

案例实录

钱某在某村一家瓷砖厂工作。由于最近几年房地产行业发展迅猛，瓷砖的需求量非常大，因此，老板经常将工人们锁在工厂里加班，而且每天都有工作量要求，完不成任务就对工人们拳打脚踢。由于每天的工作量太大，钱某和几个工人身体吃不消，就想离职，但看着天天锁着的大门，他们都非常无奈。钱某的父亲很长时间见不到儿子，也联系不上儿子，就打电话向当地劳动行政部门反映了此事。那么，瓷砖厂老板的行为需要承担什么责任呢?

律师分析

瓷砖厂将大门锁住，强迫员工们在里面干活，不完成一定的产量就不许回家，这违反了《劳动合同法》的规定，属于以非法限制员工人身自由的手段强迫员工劳动。根据《劳动合同法》第八十八条的规定，用人单位以暴力、威胁或者非法限制人身自由的手段强迫劳动的，依法给予行政处罚；构成犯罪的，依法追究刑事责任；给劳动者造成损害的，应当承担赔偿责任。也就是说，瓷砖厂会受到行政机关的行政处罚。如果该厂的行为性质恶劣、后果严重，还可能构成犯罪，受到刑事处罚。另外，该厂将钱某等工人关起来强迫劳动的行为如果使其遭受了损害，工厂还应该承担赔偿责任，赔偿员工们的相关损害。

法条链接

《中华人民共和国劳动合同法》

第三十八条第二款　用人单位以暴力、威胁或者非法限制人身自由的手段强迫劳动者劳动的，或者用人单位违章指挥、强令冒险作业危及劳动者人身安全的，劳动者可以立即解除劳动合同，不需事先告知用人单位。

第八十八条　用人单位有下列情形之一的，依法给予行政处罚；构成犯罪的，依法追究刑事责任；给劳动者造成损害的，应当承担赔偿责任：

（一）以暴力、威胁或者非法限制人身自由的手段强迫劳动的；

……

温馨提示

劳动既是劳动者的义务，也是劳动者的权利，法律禁止任何个人与单位以暴力、威胁或者非法限制人身自由的手段强迫劳动者劳动。用人单位强迫职工劳动，侵犯其劳动权的，会受到行政处罚，情节严重构成犯罪的，还要承担刑事责任。如果用人单位的行为给劳动者造成损失，应当承担赔偿损失的责任。

自测小题

判断：用人单位强迫劳动者劳动，劳动者可以立即解除劳动合同。（　）[①]

---

① 解答：正确。

因承包人违反劳动合同给劳动者造成损害的，应当由谁承担赔偿责任？

案例实录

某医院因病人急剧增加，原有的住院楼已经不能满足需要，经合法程序审批，某医院准备扩建住院楼和医生宿舍。该医院经审核后将该工程依法发包给具有相应建筑资质的董某。董某临时从某村招了80名农民工。董某与农民工们签订了建造某医院住院楼和医生宿舍的劳动合同。合同约定，参与该工程的人员如果发生意外，由其自己承担责任，与董某无关。后来，在施工过程中，工人陈某不小心被搅拌机搅掉了左手。那么，对于陈某的损害，谁应承担赔偿责任？

律师分析

根据《劳动合同法》第二十六条的规定，用人单位免除自己的法定责任、排除劳动者权利的劳动合同条款无效。董某与80名工人在合同中约定“参与住院楼和医生宿舍建造的工人如果发生意外，由该80人自己承担责任”。董某与工人们签订的劳动合同中的这一条款排除了董某自己的责任，依法应当无效。那么，由于该条款无效，谁应承担陈某的损失赔偿责任？依据《劳动合同法》第九十四条的规定，个人承包经营违反本法规定招用劳动者，给劳动者造成损害的，发包的组织与个人承包经营者承担连带赔偿责任。也就是说，董某违法招用陈某等人，如果给陈某等人造成损害，由董某与某医院承担连带赔偿责任。

法条链接

《中华人民共和国劳动合同法》

第二十六条　下列劳动合同无效或者部分无效：

……

（二）用人单位免除自己的法定责任、排除劳动者权利的；

……

第九十四条　个人承包经营违反本法规定招用劳动者，给劳动者造成损害的，发包的组织与个人承包经营者承担连带赔偿责任。

温馨提示

发包方对个人承包方依法应做到必要的审查监督，确保个人承包方在法律的框架内招用劳动者。因个人承包方违反劳动法律法规给劳动者造成损失的，发包方应当与个人承包方承担连带赔偿责任。这一规定有利于约束发包方履行自己的监督义务，防止个人承包者违法损害劳动者的合法权益。

自测小题

填空：个人承包经营违反规定招用劳动者，给劳动者造成损害的，由________[1]承担赔偿责任。

---

① 解答：发包的组织与个人承包经营者共同。

用人单位解除劳动合同，劳动者的经济补偿标准是什么？

案例实录

宋某大学毕业后被当地一家公司聘为销售专员，双方签订了为期3年的劳动合同。宋某在公司工作了2年后，公司因违法经营被吊销营业执照。后该公司以公告的形式辞退了部分员工，每人补发1个月工资作为经济补偿。宋某认为公司不按员工的工作年限进行经济补偿，每人都补发1个月工资是不符合法律规定的。那么，宋某的认知是否有法律依据？用人单位解除劳动合同，给劳动者的经济补偿标准是什么？

律师分析

宋某在公司工作了2年，可以获得2个月工资作为经济补偿金。根据我国《劳动合同法》第四十四条第（五）项和第四十六条第（六）项的规定，用人单位由于被吊销营业执照而解除劳动合同的，应当支付劳动者经济补偿金。另外，根据《劳动合同法》第四十七条的规定，经济补偿按劳动者在本单位工作的年限，每满1年支付1个月工资的标准向劳动者支付。6个月以上不满1年的，按1年计算；不满6个月的，向劳动者支付半个月工资的经济补偿。本案中，宋某在该公司工作了2年，故可以获得2个月工资的经济补偿金。

法条链接

《中华人民共和国劳动合同法》

第四十四条　有下列情形之一的，劳动合同终止：

……

（五）用人单位被吊销营业执照、责令关闭、撤销或者用人单位决定提前解散的；

……

第四十六条　有下列情形之一的，用人单位应当向劳动者支付经济补偿：

……

（六）依照本法第四十四条第四项、第五项规定终止劳动合同的；

……

第四十七条　经济补偿按劳动者在本单位工作的年限，每满一年支付一个月工资的标准向劳动者支付。六个月以上不满一年的，按一年计算；不满六个月的，向劳动者支付半个月工资的经济补偿。

劳动者月工资高于用人单位所在直辖市、设区的市级人民政府公布的本地区上年度职工月平均工资三倍的，向其支付经济补偿的标准按职工月平均工资三倍的数额支付，向其支付经济补偿的年限最高不超过十二年。

本条所称月工资是指劳动者在劳动合同解除或者终止前十二个月的平均工资。

温馨提示

经济补偿金是企业依据国家有关规定或者劳动合同约定，以货币形式直接支付给职工的劳动报酬，一般根据劳动者在用人单位的工作年限和工资标准来计算具体金额。劳动者在该企业工作每满1年支付1个月工资的经济补偿；6个月以上不满1年的，按1年计算；不满6个月的，按半个月工资计算。

自测小题

选择：马小姐因公司近半年总延发和无故克扣工资而提出辞职，如果马小姐的月工资为6000元，已经工作3年，那么公司应当支付马小姐多少补偿金？（　）[1]

A. 18000元　　B. 48000元

C. 72000元　　D. 56000元

因用人单位违法终止劳动合同导致合同实际无法履行，劳动者该怎么办？

案例实录

2017年，小孙大学毕业后，应聘到某市一家物业公司做出纳，双方签订了为期3年的劳动合同。2020年，该物业公司又与小孙续签了一次合同，这次签订的时间为2年。可是，小孙刚工作了半年，该物业公司经理的表妹也来做出纳工作，这样，小孙基本上就无事可做了。过了1个月，该公司向小孙提出终止劳动关系的决定。但是，小孙认为合同还没到期，公司不能单方面解除合同，而且自己一直认真工作，没有违反公司规定的行为，公司的做法是不合法的。但是，无论怎样，双方之间的劳动合同已经无法继续履行。那么，此时的小孙该怎么办呢？劳动合同已经

① 解答：A。

无法继续履行，小孙应当如何维护自己的权益？

律师分析

继续履行劳动合同已不可能，小孙可以要求公司赔偿。根据《劳动合同法》第四十八条的规定，用人单位违反本法规定解除或者终止劳动合同，劳动者要求继续履行劳动合同的，用人单位应当继续履行；劳动者不要求继续履行劳动合同或者劳动合同已经不能继续履行的，用人单位应当依照本法第八十七条的规定支付赔偿金。另外，《劳动合同法》第八十七条规定，用人单位违反本法规定解除或者终止劳动合同的，应当依照本法第四十七条规定的经济补偿标准的二倍向劳动者支付赔偿金。本案中，该公司因想聘用物业公司经理的表妹而辞退小孙，其行为违反法律规定，还侵害了小孙的劳动权，应该予以经济赔偿，小孙在该公司工作了3年多，应支付他3个半月的经济补偿金，因公司违法终止劳动合同，他可以获得经济补偿标准的2倍，即7个月工资的经济赔偿金来维护自己的合法权益。

法条链接

《中华人民共和国劳动合同法》

第四十八条　用人单位违反本法规定解除或者终止劳动合同，劳动者要求继续履行劳动合同的，用人单位应当继续履行；劳动者不要求继续履行劳动合同或者劳动合同已经不能继续履行的，用人单位应当依照本法第八十七条规定支付赔偿金。

第八十七条　用人单位违反本法规定解除或者终止劳动合同的，应当依照本法第四十七条规定的经济补偿标准的二倍向劳动者支付赔偿金。

《中华人民共和国劳动合同法实施条例》

第二十五条　用人单位违反劳动合同法的规定解除或者终止劳动合同，依照劳动合同法第八十七条的规定支付了赔偿金的，不再支付经济补偿。赔偿金的计算年限自用工之日起计算。

温馨提示

《劳动合同法》第四十八条是关于用人单位违法解除或者终止劳动合同后应当承担的责任。用人单位无权单方面随意解除或者终止劳动合同，如果用人单位违法解除或者终止劳动合同，劳动者可以要求其继续履行；如果劳动者不要求继续履行或者该合同已经无法继续履行，劳动者有权获得经济赔偿金。

自测小题

填空：小静在公司工作了3年，用人单位违法解除和她的劳动合同，公司应当支付________[1]个月工资作为赔偿金。

用人单位违反集体合同的规定，应当由谁来维护劳动者的权益？

案例实录

某纺织厂现有职工200人，先后与该厂签订了集体合同。2020年7月，因该厂一名即将退休的老员工要办理退休事宜，才发现该厂虽然每个月从职工工资中按规定扣缴了个人应缴纳的社

---

① 解答：6。

会保险费，但实际上根本就没有给职工办理社会保险。这与当时他们签订合同时约定工厂给职工办理社会统筹保险的规定不符。工人们想知道，用人单位违反了集体合同，应当由谁来维护自己的权益？

律师分析

这是一起关于集体合同履行发生争议的案件。根据我国《劳动合同法》第五十六条的规定，用人单位违反集体合同，侵犯职工劳动权益的，工会可以依法要求用人单位承担责任；因履行集体合同发生争议，经协商解决不成的，工会可以依法申请仲裁、提起诉讼。因此，如果用人单位违反集体合同，工会应当出面解决来维护职工的权益。

工会与用人单位都是集体合同的法律主体，集体合同对企业所有劳动者、用人单位、工会都具有约束力，订立集体合同的双方当事人都有履行合同规定义务的职责。工会作为职工权益代表和与用人单位签订集体合同的法律主体，在用人单位违反集体合同，侵犯职工劳动权益的时候，理应负有监督的义务，依法要求用人单位承担责任。另外，因履行集体合同发生争议，经协商解决不成的，工会还可以依法申请仲裁或者提起诉讼。

法条链接

《中华人民共和国劳动合同法》

第五十六条　用人单位违反集体合同，侵犯职工劳动权益的，工会可以依法要求用人单位承担责任；因履行集体合同发生争议，经协商解决不成的，工会可以依法申请仲裁、提起诉讼。

《中华人民共和国工会法》

第二十二条　企业、事业单位违反劳动法律、法规规定，有下列侵犯职工劳动权益情形，工会应当代表职工与企业、事业单位交涉，要求企业、事业单位采取措施予以改正；企业、事业单位应当予以研究处理，并向工会作出答复；企业、事业单位拒不改正的，工会可以请求当地人民政府依法作出处理：

……

（五）其他严重侵犯职工劳动权益的。

温馨提示

《劳动合同法》第五十六条是关于用人单位违反集体合同、侵犯劳动者合法权益时的维权主体的规定。用人单位应当组织成立工会，工会依法履行自己的职责，维护职工的合法权益。因用人单位违反集体合同侵害劳动者合法权益的，工会可以要求用人单位承担相应的责任；因履行集体合同发生的争议，工会可以通过协商、仲裁、诉讼的方式解决，以最大限度地维护职工的合法权益。

自测小题

判断：用人单位违反集体合同的约定，工会有权代表劳动者申请劳动仲裁。(　　)①

① 解答：正确。

以完成一定工作任务为期限的劳动合同因任务完成而终止的，用人单位需要向劳动者支付经济补偿吗？

案例实录

庄某大学是学软件开发的，临毕业的时候，导师为庄某介绍了一份为当地一家单位开发软件的工作。为了明确双方的权利义务，庄某与该单位签订了书面劳动合同，双方约定合同期限至软件开发完成时终止。不久，庄某按照合同完成了工作任务，与该单位的劳动合同依法终止。那么，此时用人单位还需向庄某支付经济补偿吗？

律师分析

《劳动合同法实施条例》第二十二条规定："以完成一定工作任务为期限的劳动合同因任务完成而终止的，用人单位应当依照劳动合同法第四十七条的规定向劳动者支付经济补偿。"因此，庄某完成工作任务后，终止与某单位的劳动合同，用人单位应当支付经济补偿。《劳动合同法》第四十七条第一款规定："经济补偿按劳动者在本单位工作的年限，每满一年支付一个月工资的标准向劳动者支付。六个月以上不满一年的，按一年计算；不满六个月的，向劳动者支付半个月工资的经济补偿。"

法条链接

《中华人民共和国劳动合同法实施条例》

第二十二条　以完成一定工作任务为期限的劳动合同因任务完成而终止的，用人单位应当依照劳动合同法第四十七条的规定向劳动者支付经济补偿。

《中华人民共和国劳动合同法》

第四十七条第一款　经济补偿按劳动者在本单位工作的年限，每满一年支付一个月工资的标准向劳动者支付。六个月以上不满一年的，按一年计算；不满六个月的，向劳动者支付半个月工资的经济补偿。

温馨提示

虽然《劳动合同法》关于经济补偿的规定并未涉及以完成一定工作任务而终止劳动合同的情形，但是，为了完善该法律的规定，更好地维护劳动者的权益，《劳动合同法实施条例》对此进行了补充，明确规定终止该类劳动合同也应当依法支付经济补偿。

自测小题

选择：石小姐和公司签订了以完成一定任务为期限的劳动合同。3 年后，任务完成了，劳动合同也随之终止了。那么，公司应当支付给石小姐多少经济补偿金？(　)①

A. 无须支付

B. 3 个月的工资

C. 4 个月的工资

D. 5 个月的工资

① 解答：B。

第七章

劳动争议处理

公司总经理与员工的矛盾属于劳动争议吗？

案例实录

某建筑公司总经理汪某是一个做事精细的人，但气量比较小。赵某之前因小事与汪某发生争执，并闹上法院。赵某进入公司工作后，虽然工作表现积极，但是汪某一直对其意见很多，工作中处处设绊。汪某多次在工作中对赵某的工作无理指责，对赵某造成极为不利的影响。赵某一气之下将总经理汪某告上劳动仲裁委员会。但是仲裁委的工作人员称他们的矛盾不属于劳动争议，劳动仲裁委员会不予受理。公司的总经理与员工的矛盾是否属于劳动争议呢？

律师分析

劳动争议又称劳动纠纷，是指劳动关系当事人之间因劳动的权利与义务发生分歧而引起的争议。劳动争议是劳动关系当事人之间的争议。劳动关系当事人，一方为劳动者，另一方为用人单位。劳动者主要是指与在中国境内的企业、个体经济组织、社会服务机构等组织建立劳动合同关系的职工和与国家机关、事业组织、社会团体建立劳动合同关系的职工。用人单位是指在中国境内的企业、个体经济组织、社会服务机构等组织以及国家机关、事业组织、社会团体等与劳动者订立劳动合同的单位。劳动纠纷的内容涉及劳动权利和劳动义务，是为实现劳动关系而产生的争议。如果劳动者与用人单位之间不是为了实现劳动权利和劳动义务而发生的争议，就不属于劳动纠纷的范畴。劳动权利和劳动义务的内容非常广泛，包括就业、工资、工时、劳动保护、劳动保险、劳动福利、职业培训、民主管理、奖励惩罚等。就总经理汪某与员工赵某之间的争议来说，汪某虽为公司总经理但是矛盾内容与劳动没有关系，是劳动行政管理中发生的争议，不属劳动争议。但是双方的矛盾应当由公司采取合理的方式进行解决，以维护正常的劳动关系，保护劳动者赵某的合法利益，确保公司发展稳定。

法条链接

《中华人民共和国劳动争议调解仲裁法》

第二条　中华人民共和国境内的用人单位与劳动者发生的下列劳动争议，适用本法：

（一）因确认劳动关系发生的争议；

（二）因订立、履行、变更、解除和终止劳动合同发生的争议；

（三）因除名、辞退和辞职、离职发生的争议；

（四）因工作时间、休息休假、社会保险、福利、培训以及劳动保护发生的争议；

（五）因劳动报酬、工伤医疗费、经济补偿或者赔偿金等发生的争议；

（六）法律、法规规定的其他劳动争议。

温馨提示

我国《劳动争议调解仲裁法》第二条是关于劳动争议仲裁的范围的规定。本法旨在调解仲裁劳动者与用人单位之间的劳动争议，如果双方之间存在争议，但不涉及劳动关系，则不属于本法的调整范围。劳动者应当认真学习相关法律法规，在与用人单位发生争议时，明辨该争议是否属于劳动争议，以便确定权利救济的最佳途径，及时解决各种纠纷。

自测小题

判断：吴先生和自己的上司因为感情问题发生了纠纷，这不属于劳动争议的范畴。（　）①

劳动争议已经提请仲裁，企业能否要求和解？

案例实录

万某是某科技开发公司的软件开发人员。他到公司工作2年以来，公司一直以种种借口没有给他缴纳社会保险费。万某多次与公司协商，但都没有得到答复，最后他就社会保险一事，对该科技开发公司提起劳动争议仲裁。当地劳动争议仲裁委员会受理后，对该事项进行了调查取证。该科技开发公司人事经理与万某协商，希望双方进行和解，科技开发公司为万某缴纳社会保险费，并将前2年应该缴纳的社会保险费以现金形式补偿给万某。万某

① 解答：正确。

认为科技开发公司给出的条件合理，而且自己也想在该公司长期工作，就答应了和解，制作了和解协议，并撤回了仲裁申请。已经提请劳动争议仲裁，企业能否要求和解？

律师分析

劳动争议仲裁是指劳动争议仲裁委员会根据当事人的申请，依法对劳动争议在事实上作出判断、在权利义务上作出裁决的一种法律制度。劳动争议仲裁的目的是促进社会稳定和劳动关系的和谐发展，保护用人单位和劳动者双方的合法权益，当事人双方在适用法律上一律平等。我国劳动争议仲裁依循“着重调解，及时受理，查清事实，依法处理”的原则，依法维护用人单位与劳动者的合法利益。依照我国《劳动争议调解仲裁法》的规定，万某因某科技开发公司未依法为其缴纳社会保险而发生的争议属于劳动争议，万某可以依法提起劳动争议仲裁。在仲裁委员会处理该劳动争议的过程中，依照“当事人申请劳动争议仲裁后，可以自行和解”的规定，该科技公司可以提出和解，万某也根据当时的实际情况接受和解。在双方制作了合法和解协议的基础上，万某撤回仲裁申请是合理合法的，科技开发公司对该问题的处理也是维护劳动者合法权益前提下的合理行为。

法条链接

《中华人民共和国劳动争议调解仲裁法》

第四十一条　当事人申请劳动争议仲裁后，可以自行和解。达成和解协议的，可以撤回仲裁申请。

温馨提示

《劳动争议调解仲裁法》第四十一条明确规定当事人申请劳动争议仲裁后，可以以自行和解的方式解决该项争议，如果双方达成了合法有效的和解协议，申请仲裁的一方可以撤回仲裁申请。事实上，劳动争议仲裁的目的就在于解决劳动者与用人单位之间的纠纷，维护和谐稳定的劳动关系，促进社会的有序发展，劳动争议仲裁也遵循“着重调解，及时受理，查清事实，依法处理”的解决原则。

自测小题

判断：朱先生和公司在进行劳动仲裁时自行和解了，朱先生可以撤回仲裁申请。(　)[①]

关于“加班加点”的劳动争议是一裁终局吗?

案例实录

刘某是某印刷厂的职工，在入厂时刘某就与印刷厂签订了劳动合同，合同约定刘某为厂里的排版工，每天工作8小时，每个星期工作40个小时，如果有加班就按国家规定计算加班费。刘某工作半年后，印刷厂业务增多，刘某等人时常加班加点工作，周末总有一天在工作，国庆节也只能休息2天。但是刘某等人的工资没有增加，平日里加班加点工作只能算免费劳动。刘某不服，

① 解答：正确。

就工作时间问题提起劳动争议仲裁。本市劳动争议仲裁委员会根据实际情况进行了劳动仲裁，并宣布该裁决为终局裁决，自裁决书作出之日就发生法律效力。如果不服劳动裁决可以向法院提起诉讼。为什么关于“加班加点”的劳动争议是一裁终局？

律师分析

劳动争议终局裁决是指仲裁庭在案件审理终结时对当事人提交的全部实体争议所作的、裁决书自作出之日起发生法律效力的裁决。我国《劳动争议调解仲裁法》第四十七条规定，对于追索劳动报酬、工伤医疗费、经济补偿和赔偿金，不超过当地月最低工资标准 12 个月金额的争议；或因执行劳动标准在工作时间、休息休假、社会保险方面发生的争议，均可实行终局裁决。终局裁决并不意味着仲裁机构的裁决有绝对的执行力，劳动者和用人单位双方都可以依法对仲裁裁决提出合法的救济，以维护自身的合法权益。劳动者对仲裁裁决不服的，可以自收到仲裁裁决书之日起 15 日内向人民法院提起诉讼。用人单位有证据证明仲裁裁决违法情形的，可以自收到仲裁裁决书之日起 30 日内向劳动争议仲裁委员会所在地的中级人民法院申请撤销裁决。刘某关于“加班加点”的工作时间的劳动争议是终局裁决，但是如果刘某对裁决不服可以依法提起诉讼。刘某所在的印刷厂认为仲裁中有违法行为，可以申请当地中级人民法院撤销其裁决。

法条链接

《中华人民共和国劳动争议调解仲裁法》

第四十七条　下列劳动争议，除本法另有规定的外，仲裁裁决为终局裁决，裁决书自作出之日起发生法律效力：

（一）追索劳动报酬、工伤医疗费、经济补偿或者赔偿金，不超过当地月最低工资标准十二个月金额的争议；

（二）因执行国家的劳动标准在工作时间、休息休假、社会保险等方面发生的争议。

第四十八条　劳动者对本法第四十七条规定的仲裁裁决不服的，可以自收到仲裁裁决书之日起十五日内向人民法院提起诉讼。

第四十九条　用人单位有证据证明本法第四十七条规定的仲裁裁决有下列情形之一，可以自收到仲裁裁决书之日起三十日内向劳动争议仲裁委员会所在地的中级人民法院申请撤销裁决：

（一）适用法律、法规确有错误的；

（二）劳动争议仲裁委员会无管辖权的；

（三）违反法定程序的；

（四）裁决所根据的证据是伪造的；

（五）对方当事人隐瞒了足以影响公正裁决的证据的；

（六）仲裁员在仲裁该案时有索贿受贿、徇私舞弊、枉法裁决行为的。

人民法院经组成合议庭审查核实裁决有前款规定情形之一的，应当裁定撤销。

仲裁裁决被人民法院裁定撤销的，当事人可以自收到裁定书之日起十五日内就该劳动争议事项向人民法院提起诉讼。

温馨提示

为了及时有效地维护劳动者的合法权益，法律规定对于追索劳动报酬、工伤医疗费、经济补偿或者赔偿金，不超过当地月最低工资标准十二个月金额的争议，以及因执行国家的劳动标准在工作时间、休息休假、社会保险等方面发生的争议，一经仲裁委员会作出裁决，该裁决即发生法律效力。但是，终局裁决不意味着仲裁机构的裁决有绝对的执行力，劳动者和用人单位都可以依法就该裁决事项提出救济。

自测小题

选择：以下哪些劳动仲裁裁决自作出之日起就生效？(　)[1]

A. 追索劳动报酬

B. 追索工伤医疗费

C. 追索经济补偿金

D. 社会保险争议

劳动仲裁裁决生效后员工不执行，公司能够强制执行吗？

案例实录

郑某是甲化工产品生产公司的技术骨干，很受公司重用。可是郑某在工作中，利用自己掌握公司核心技术的优势，在邻省与他人合伙成立乙化工产品生产公司，其所生产的产品与甲公司产品相差不大。因其自有乙公司，省去产品开发环节，产品成本下降，在价格上极有竞争优势，导致甲公司丧失在该省的市场。后

① 解答：ABCD。

甲公司了解到这一实情，就经济赔偿问题提请劳动争议仲裁，当地劳动仲裁委员会裁定郑某赔偿甲公司5万元。裁决生效后，郑某既不执行也不起诉，公司无奈只能强制执行。强制执行一般是由人民法院执行，公司内部事务可以由公司自己强制执行吗？

律师分析

强制执行是指法院按照法定程序，运用国家强制力量，根据执行文书的规定，强制民事义务人完成其所承担的义务，以保证权利人的权利得以实现。所以强制执行都是由人民法院执行，劳动仲裁裁决也不例外，应当由人民法院强制执行。强制执行必须有合法的执行文书，包括发生法律效力的民事判决书、裁定书以及依法应由法院执行的其他法律文书。义务人即应自动、合法履行生效法律文书，如果拒不履行，权利人可以申请法院强制执行。提出申请的权利人称申请人，被指名履行义务的人称被申请人，又称被执行人。在郑某与甲公司的争议中，生效劳动仲裁裁决是强制执行的执行文书，甲公司是执行申请人，郑某是被执行人。甲公司不是强制执行机关，不能自行强制执行，只能申请当地人民法院强制执行。

法条链接

《中华人民共和国劳动法》

第八十三条　劳动争议当事人对仲裁裁决不服的，可以自收到仲裁裁决书之日起十五日内向人民法院提起诉讼。一方当事人在法定期限内不起诉又不履行仲裁裁决的，另一方当事人可以申请人民法院强制执行。

《中华人民共和国劳动争议调解仲裁法》

第五十一条　当事人对发生法律效力的调解书、裁决书，应当依照规定的期限履行。一方当事人逾期不履行的，另一方当事人可以依照民事诉讼法的有关规定向人民法院申请执行。受理申请的人民法院应当依法执行。

温馨提示

《劳动争议调解仲裁法》第五十一条是关于当事人依法履行生效法律文书的相关规定。发生法律效力的调解书、裁决书都代表国家法律作出的合法裁决，当事人应当按照规定的期限履行。如果一方当事人逾期不履行，另一方当事人可以向人民法院申请强制执行。人民法院强制执行，不但是保障当事人权益的表现，更是国家法律尊严和威慑力的体现。

自测小题

判断：劳动仲裁生效后，公司拒不执行的，劳动者可以向法院申请强制执行。(　)①

企业能否就劳动争议直接向法院起诉?

案例实录

姜某是某物业公司会计，她曾因财务问题被国有企业除名，因为她是该物业公司领导的妻子，公司让她担任了会计。姜某初

① 解答：正确。

到公司时工作表现积极，财务运作规范，得到了公司领导的肯定。工作半年后，姜某的老毛病犯了，又在财务上做手脚，所幸发现及时，并没有给公司带来经济损失。公司决定将姜某开除，姜某不愿离开公司，并称可以到当地劳动仲裁委员会解决，她的哥哥就在劳动仲裁委员会工作。物业公司觉得当地劳动仲裁委员会可能会向着姜某，事情得不到合法解决，于是想直接向法院起诉。企业能否就劳动争议直接向法院起诉？

律师分析

根据《劳动法》《劳动争议调解仲裁法》等法律法规的规定，我国的劳动争议实行“协商、调解、仲裁、诉讼”的处理机制。我国的劳动争议仲裁具有强制性，劳动争议仲裁程序是诉讼的必经程序，即劳动争议当事人要想向人民法院提起诉讼就必须先向劳动争议仲裁委员会申请仲裁，当事人对劳动争议仲裁委员会仲裁裁决不服的，自收到裁决书之日起15日内可以向人民法院提起诉讼。也就是说，我国的劳动争议仲裁是劳动争议当事人向人民法院提起诉讼的法定前置程序。如果劳动争议当事人没有先向劳动争议仲裁委员会申请劳动仲裁，越过劳动争议仲裁程序直接向人民法院提起诉讼，人民法院也不予受理。劳动争议仲裁委员会必须以事实为基础，合理合法解决问题，而不能因个人原因出现偏颇。在该案例中，姜某的哥哥依据民事诉讼法的规定应当回避，劳动争议仲裁委员会不会就此偏离法律作出裁决。劳动仲裁是劳动争议解决的前置程序，物业公司应当在相信法律、相信法律工作者的基础上对姜某进行合法的劳动争议仲裁申请。

法条链接

《中华人民共和国劳动法》

第七十九条　劳动争议发生后，当事人可以向本单位劳动争议调解委员会申请调解；调解不成，当事人一方要求仲裁的，可以向劳动争议仲裁委员会申请仲裁。当事人一方也可以直接向劳动争议仲裁委员会申请仲裁。对仲裁裁决不服的，可以向人民法院提起诉讼。

《中华人民共和国劳动争议调解仲裁法》

第五条　发生劳动争议，当事人不愿协商、协商不成或者达成和解协议后不履行的，可以向调解组织申请调解；不愿调解、调解不成或者达成调解协议后不履行的，可以向劳动争议仲裁委员会申请仲裁；对仲裁裁决不服的，除本法另有规定的外，可以向人民法院提起诉讼。

温馨提示

《劳动争议调解仲裁法》第五条是关于劳动争议解决方式的法律规定。当事人之间因劳动争议产生纠纷，可以采取和解、调解、仲裁、诉讼等方式解决。根据我国法律的规定，劳动争议仲裁是劳动争议诉讼的法定前置程序，当事人向法院提起劳动争议诉讼之前，必须先经过劳动争议仲裁委员会的仲裁程序，否则法院是不会受理当事人的劳动争议诉讼请求的。

自测小题

填空：朱先生和公司发生了劳动争议，应当先向________①，

① 解答：劳动仲裁委员会申请仲裁。

再向法院起诉。

劳动者辞职 1 年后提请劳动仲裁要求补发工资，合法吗？

案例实录

方某是某商贸公司的员工，他在职期间与公司约定每个月工资为 1600 元，奖金按每个月的工作业绩提成。方某工作能力一般，看到其他人每个月工资都是好几千，而他只有 1600 元，所以工作积极性不高。方某在该商贸公司工作半年后便提出辞职，离开了该公司。方某离职 1 年半后到当地劳动争议仲裁委员会提请仲裁，认为当时商贸公司合同中约定的每月给方某的 100 元通话费没有支付，他要求商贸公司补发他 600 元的话务补贴。过了 1 年半，方某还可以提请劳动仲裁要求补发工资吗？

律师分析

我国《劳动争议调解仲裁法》第二十七条规定，劳动争议申请仲裁的时效期间为 1 年。劳动关系存续期间因拖欠劳动报酬发生争议的，劳动者申请仲裁不受本条第一款规定的仲裁时效期间的限制；但是，劳动关系终止的，应当自劳动关系终止之日起 1 年内提出。方某离职 1 年半以后才提起公司补发 600 元话务补贴，已经过了仲裁时效，其合法权益得不到法律的支持和保护。

法条链接

《中华人民共和国劳动争议调解仲裁法》

第二十七条　劳动争议申请仲裁的时效期间为一年。仲裁时效期间从当事人知道或者应当知道其权利被侵害之日起计算。

前款规定的仲裁时效，因当事人一方向对方当事人主张权利，或者向有关部门请求权利救济，或者对方当事人同意履行义务而中断。从中断时起，仲裁时效期间重新计算。

因不可抗力或者有其他正当理由，当事人不能在本条第一款规定的仲裁时效期间申请仲裁的，仲裁时效中止。从中止时效的原因消除之日起，仲裁时效期间继续计算。

劳动关系存续期间因拖欠劳动报酬发生争议的，劳动者申请仲裁不受本条第一款规定的仲裁时效期间的限制；但是，劳动关系终止的，应当自劳动关系终止之日起一年内提出。

温馨提示

仲裁时效是指权利人向仲裁机构请求保护其权利的法定期限，如果权利人在该法定期限内没有行使该项请求权，其即丧失提请仲裁以保护其权益的权利。在我国，法定的仲裁时效为 1 年，当事人如果超过仲裁时效，即丧失胜诉权，其合法权益就得不到保护。

自测小题

选择：2019 年 7 月，小杨和公司因工资问题发生争议但没有辞职，小杨可以在以下哪些时间向劳动仲裁委申请仲裁？(　)①

A. 2019 年 8 月　　B. 2020 年 6 月

C. 2020 年 9 月　　D. 以上都可以

① 解答：D。

劳动争议正在劳动仲裁中，人民法院可以先予执行吗?

案例实录

吴某是某加工厂工人，工作中因机器失控，将其左手压伤，花去治疗费共2万元。吴某治疗痊愈后，加工厂将其调离工作岗位，安排其从事保洁工作，但对工伤治疗的2万元却迟迟不予报销。吴某家中有一个即将初中毕业的儿子，其妻子也只是另一个工厂的普通工人，2万元对于其生活来说是一项巨大的经济开销。吴某迫不得已到劳动仲裁委员会要求加工厂支付其工伤医疗费2万元。仲裁庭根据吴某的申请，要求人民法院先予执行该2万元。劳动争议正在劳动仲裁中，人民法院可以先予执行吗?

律师分析

先予执行，是指人民法院在终局裁决、判决之前，为解决权利人生活或生产经营的急需，依法裁定义务人预先履行义务的制度。我国《劳动争议调解仲裁法》规定，仲裁庭对追索劳动报酬、工伤医疗费、经济补偿或者赔偿金的案件，根据当事人的申请，可以裁决先予执行，移送人民法院执行。吴某对于2万元工伤医疗费提请劳动争议仲裁，因其家庭生活困难提起先行支付他2万元，仲裁庭在了解具体情况的前提下，裁决先予执行，由人民法院执行。吴某、劳动争议仲裁庭以及人民法院都进行了合法的法律程序。在实践中用人单位和劳动者需要注意，先予执行应当符合以下条件：（1）当事人之间权利义务关系明确；（2）不先予执行会严重影响申请人的生活，否则先予执行是违法的。

法条链接

《中华人民共和国劳动争议调解仲裁法》

第四十四条　仲裁庭对追索劳动报酬、工伤医疗费、经济补偿或者赔偿金的案件，根据当事人的申请，可以裁决先予执行，移送人民法院执行。

仲裁庭裁决先予执行的，应当符合下列条件：

（一）当事人之间权利义务关系明确；

（二）不先予执行将严重影响申请人的生活。

劳动者申请先予执行的，可以不提供担保。

温馨提示

先予执行的目的是解决权利人生活或生产经营的急需，仲裁庭对追索劳动报酬、工伤医疗费、经济补偿或者赔偿金的案件，根据当事人的申请，可以裁决先予执行，移送人民法院执行。对于当事人之间权利义务关系明确，不先予执行将严重影响申请人生活的，当事人可以申请先予执行。在劳动争议的解决过程中，先予执行的规定为劳动争议中弱势的一方解了燃眉之急。

自测小题

判断：小胡在追索劳动报酬案件仲裁过程中，申请先予执行的，应当提供担保。（　）①

---

① 解答：错误。

劳动者辞职后需要退还公司培训费用吗?

案例实录

代某是北京某大型保险公司的销售人员。为了提高公司员工的整体业务水平，公司在年初为员工组织了一次培训活动。公司选派代某等50余名员工出国参加了为期1个月的营销培训。公司为每个人支付了3万元的相关费用。回国1年后，代某向公司提出辞职，公司要求代某赔偿当初为其培训所支付的费用。那么，代某应否退还该笔费用呢?

律师分析

本案中，代某等人的营销技能培训是公司组织的，根据《劳动法》第六十八条的规定，用人单位应当建立职业培训制度，按照国家规定提取和使用职业培训经费，根据本单位实际，有计划地对劳动者进行职业培训。由此可知，给员工提供职业培训是用人单位的义务，其费用理应由用人单位支付。根据《劳动合同法实施条例》第十六条的规定，培训费用，包括用人单位为了对劳动者进行专业技术培训而支付的有凭证的培训费用、培训期间的差旅费用以及因培训产生的用于该劳动者的其他直接费用。因此，代某等人的相关费用在法律规定的培训费用范围之内，应该由公司承担。代某辞职后，没有义务退还该笔费用。

法条链接

《中华人民共和国劳动合同法实施条例》

第十六条　劳动合同法第二十二条第二款规定的培训费用，

包括用人单位为了对劳动者进行专业技术培训而支付的有凭证的培训费用、培训期间的差旅费用以及因培训产生的用于该劳动者的其他直接费用。

《中华人民共和国劳动合同法》

第二十二条第一款　用人单位为劳动者提供专项培训费用，对其进行专业技术培训的，可以与该劳动者订立协议，约定服务期。

《中华人民共和国劳动法》

第六十八条第一款　用人单位应当建立职业培训制度，按照国家规定提取和使用职业培训经费，根据本单位实际，有计划地对劳动者进行职业培训。

温馨提示

用人单位应当建立职业培训制度，有计划地对劳动者进行职业培训，在培训过程中产生的费用应由用人单位承担。员工没有义务承担培训费用。因此，对于用人单位来讲，花钱培训员工是有一定风险的，只有建立了完善的员工职业发展计划的企业才能更好地吸引员工，增强员工的凝聚力。为了避免纠纷，用人单位在培训员工时应当注意：（1）在实施培训前，做好培训计划；（2）选择培训对象要慎重；（3）与员工签订书面服务期协议。

自测小题

判断：公司将小李送出国进行培训，可以和小李签订服务期合同。（　）①

① 解答：正确。

服务期与劳动合同期限相冲突怎么办?

案例实录

杨先生和某软件开发公司签订了为期3年的劳动合同,杨先生担任研发部经理。合同履行1年后,该公司接到客户一项比较难的研发项目。为了保证项目顺利研发,公司派杨先生出国培训半年,培训费为10万元,杨先生回国后在公司继续服务了5年。双方签订了培训和服务期协议。杨先生回国后继续在公司上班。不久,双方劳动合同期限届满,公司告知杨先生续订劳动合同。杨先生表示,自己承担了较为重要的研发项目,要求公司提高自己的职位和待遇。公司表示难以满足,杨先生在合同期满后离开了公司,双方发生了争议。那么,服务期和劳动合同期限发生冲突,该怎么办呢?

律师分析

本案中,杨先生是签订合同在先,约定服务期在后,公司在派其培训前应考虑到合同是否续约的问题。签订服务期协议后,员工为公司服务的期限就不仅仅受劳动合同期限约束,也受服务期协议期限约束。如果在服务期内提前离职,就要承担相应的违约责任。根据《劳动合同法实施条例》第十七条的规定,劳动合同期满,服务期尚未到期的,劳动合同应当续延至服务期满。所以,双方在签订服务协议时,并未对劳动合同期满如何解决问题有任何约定,杨先生要么与公司续签劳动合同,要么承担违约责任。

法条链接

《中华人民共和国劳动合同法实施条例》

第十七条　劳动合同期满，但是用人单位与劳动者依照劳动合同法第二十二条的规定约定的服务期尚未到期的，劳动合同应当续延至服务期满；双方另有约定的，从其约定。

温馨提示

服务期是用人单位以给予一定的培训费用为代价，要求劳动者给予一定时间的服务期限，如果在约定时间内离职需要交违约金。对于劳动合同期满，服务期尚未到期的，劳动合同应当续延至服务期满。

自测小题

选择：2020 年 3 月，小丁和公司签订了为期 2 年的劳动合同。3 个月后，小丁因为被派去培训，又签订了为期 3 年的服务期合同。那么，小丁的劳动合同多久到期？（　）①

A. 2022 年 3 月　　B. 2022 年 6 月

C. 2023 年 3 月　　D. 2023 年 6 月

劳动者在试用期内提前 3 日通知用人单位就可以单方面解除合同吗？

案例实录

小孟毕业后在一家医院工作，双方签订了劳动合同，试用期

---

① 解答：D。

为3个月。1个月后，小孟由于适应不了在医院里频繁发生的生离死别场景决定辞职，于是向医院提交了解除合同申请书。半个月过去了，医院一直未答复。由于住宿押金未退，小孟一直不能离职。后医院答复，离职的1个月后统一办理各种手续。请问医院的做法是否合法？

律师分析

根据《劳动合同法实施条例》第十八条第（三）项的规定，依照劳动合同法规定的条件、程序，劳动者可以与用人单位解除固定期限劳动合同、无固定期限劳动合同或者以完成一定工作任务为期限的劳动合同，劳动者在试用期内提前3日通知用人单位。因此本案中，在小孟提交解除合同申请书后，医院1个月后统一办理的做法是错误的。由于小孟处于试用期，只要他提前3日通知医院，就可以解除合同，医院应该为其办理退宿离职手续。

法条链接

《中华人民共和国劳动合同法实施条例》

第十八条　有下列情形之一的，依照劳动合同法规定的条件、程序，劳动者可以与用人单位解除固定期限劳动合同、无固定期限劳动合同或者以完成一定工作任务为期限的劳动合同：

……

（三）劳动者在试用期内提前3日通知用人单位的；

……

温馨提示

劳动者辞职应依照劳动合同法规定的条件、程序解除与单位的劳动合同，用人单位也应按照劳动合同法规定的条件、程序给劳动者办理离职手续。此规定一方面可以保护试用期劳动者快速离职的权益，另一方面也为用人单位留出了招聘新人的时间。

自测小题

填空：吴先生新进入一家公司工作，还在试用期内，想要辞职，应当提前________[①]天通知公司。

服务期内劳动者解除合同必须向用人单位支付违约金吗？

案例实录

2018年1月，沙某进入上海一家娱乐公司当主管。双方签订劳动合同，约定期限为3年。2019年1月，沙某在被公司送出国培训前，和公司签协议约定培训回国后在公司继续服务期限为5年。2020年1月，沙某偶然发现，自入职以来，公司一直未为其缴纳社会保险费，于是解除了和公司的劳动合同。公司以沙某仍处于服务期为由，要求其支付违约金。那么，该公司是否可以要求沙某支付违约金呢？

律师分析

用人单位与劳动者约定了服务期，劳动者依照劳动合同法第三十八条的规定解除劳动合同的，不属于违反服务期的约定，

① 解答：3。

用人单位不得要求劳动者支付违约金。沙某的情况属于因单位不缴纳社会保险费而解除劳动合同，就是劳动合同法第三十八条规定的情况，所以沙某没有违反服务期约定，不用向用人单位支付违约金。

法条链接

《中华人民共和国劳动合同法实施条例》

第二十六条第一款　用人单位与劳动者约定了服务期，劳动者依照劳动合同法第三十八条的规定解除劳动合同的，不属于违反服务期的约定，用人单位不得要求劳动者支付违约金。

《中华人民共和国劳动合同法》

第三十八条　用人单位有下列情形之一的，劳动者可以解除劳动合同：

……

（三）未依法为劳动者缴纳社会保险费的；

……

温馨提示

劳动者因用人单位未依法缴纳社会保险费而解除劳动合同的，用人单位不得要求劳动者支付违约金。即用人单位违法而不承担法定义务，导致劳动者单方面解除劳动合同的，劳动者解除合同的行为不是违约行为，不必支付违约金。

自测小题

判断：公司没有给小姜买工伤保险，即使在服务期内，小姜

也可以解除劳动合同而不支付违约金。( )①

劳动者因营私舞弊被解聘，应承担什么责任？

案例实录

吴先生是某钢材公司的销售经理，他在任职期间，用妻子的名字注册成立了新的公司，经营范围也是钢材。吴先生利用自己在钢材公司任职的优势，从钢材公司低价买进钢材，再用妻子的公司高价卖出去，并把钢材公司的客户业务揽到妻子的公司，给钢材公司造成了1000多万元的损失。钢材公司在掌握证据的情况下，解除了与吴先生的劳动合同，并要求其承担违约责任。请问被解聘的吴先生需要向钢材公司支付违约金吗？

律师分析

根据《劳动合同法实施条例》第二十六条第二款的规定，劳动者严重失职，营私舞弊，给用人单位造成重大损害的，用人单位与劳动者解除约定服务期的劳动合同的，劳动者应当按照劳动合同的约定向用人单位支付违约金。本案中，吴先生利用妻子的公司，从自己任职的公司低价买进再转手高价卖出的行为，以及把任职公司客户业务揽至妻子的公司的行为属于典型的营私舞弊行为。吴先生的行为给公司造成了1000多万元的损失，可谓损失重大，因而公司可以依法解除与吴先生的合同，并

① 解答：正确。

要求其支付违约金。

法条链接

《中华人民共和国劳动合同法实施条例》

第二十六条第二款　有下列情形之一，用人单位与劳动者解除约定服务期的劳动合同的，劳动者应当按照劳动合同的约定向用人单位支付违约金：

……

（二）劳动者严重失职，营私舞弊，给用人单位造成重大损害的；

……

温馨提示

劳动者必须依法依约履行自己在劳动过程中应该履行的义务，决不可弄虚作假、营私舞弊。如果用人单位因劳动者造成严重损失而与其解除劳动合同，劳动者必须依法向用人单位支付违约金。

自测小题

判断：小江因为严重违反公司制度被开除，因其还在服务期内，所以应当向公司赔偿违约金。（　）①

① 解答：正确。

图书在版编目（CIP）数据

劳动法律常识小全书：案例自测实用版／全民普法图书中心著．—北京：中国法制出版社，2021．5
（生活中的法律常识系列）
ISBN 978－7－5216－1573－9

Ⅰ．①劳…　Ⅱ．①全…　Ⅲ．①劳动法－中国－通俗读物　Ⅳ．①D922．5－49

中国版本图书馆CIP数据核字（2021）第017730号

策划编辑：胡艺　　责任编辑：胡艺　周熔希　　封面设计：李宁

劳动法律常识小全书：案例自测实用版

LAODONG FALÜ CHANGSHI XIAOQUANSHU：ANLI ZICE SHIYONGBAN

著者/全民普法图书中心
经销/新华书店
印刷/三河市国英印务有限公司
开本/880毫米×1230毫米　32开　　印张/7　字数/115千
版次/2021年5月第1版　　2021年5月第1次印刷

中国法制出版社出版
书号 ISBN 978－7－5216－1573－9　　定价：29.80元

北京西单横二条2号
邮政编码 100031　　传真：010－66031119
网址：http：//www.zgfzs.com　　编辑部电话：010－66038703
市场营销部电话：010－66033393　　邮购部电话：010－66033288

（如有印装质量问题，请与本社印务部联系调换。电话：010－66032926）